完善和加强备案审查制度系列丛书·一

全国人大常委会
备案审查决定与历年工作情况
报告汇编

全国人大常委会法制工作委员会法规备案审查室　/　编

中国民主法制出版社

图书在版编目(CIP)数据

全国人大常委会备案审查决定与历年工作情况报告汇编/全国人大常委会法制工作委员会法规备案审查室编. —北京:中国民主法制出版社,2024.4

ISBN 978-7-5162-3604-8

Ⅰ.①全… Ⅱ.①全… Ⅲ.①全国人民代表大会常务委员会—行政执法—检查—研究报告—汇编 Ⅳ.①D622

中国国家版本馆 CIP 数据核字(2024)第 077100 号

图书出品人:刘海涛
出 版 统 筹:贾兵伟
图 书 策 划:张 涛
责 任 编 辑:周冠宇

书名/全国人大常委会备案审查决定与历年工作情况报告汇编
作者/全国人大常委会法制工作委员会
　　 法 规 备 案 审 查 室　 编

出版·发行/中国民主法制出版社
地址/北京市丰台区右安门外玉林里 7 号(100069)
电话/(010)63055259(总编室)　 83910658　 63056573(人大系统发行)
传真/(010)63055259
http://www.npcpub.com
E-mail:mzfz@npcpub.com
开本/32 开　 850 毫米×1168 毫米
印张/6　 字数/104 千字
版本/2024 年 4 月第 1 版　 2024 年 4 月第 1 次印刷
印刷/三河市宏图印务有限公司

书号/ISBN 978-7-5162-3604-8
定价/36.00 元

目　　录

附：相关资料

一、全国人民代表大会常务委员会关于完善和加强备案审查制度的决定

全国人民代表大会常务委员会关于完善和加强备案审查制度的决定

（2023 年 12 月 29 日第十四届全国人民代表大会常务委员会第七次会议通过）

为了贯彻落实党中央关于健全保证宪法全面实施的制度体系、完善和加强备案审查制度的决策部署，更好地行使宪法、法律赋予全国人民代表大会常务委员会的监督职权，充分发挥备案审查制度保障宪法和法律实施、维护国家法制统一的重要作用，提高备案审查能力和质量，坚决纠正和撤销违反宪法、法律的规范性文件，根据宪法和有关法律，结合实践经验，作如下决定：

一、全国人民代表大会常务委员会依法开展备案审查工作，坚持以习近平新时代中国特色社会主义思想为指导，贯彻习近平法治思想，坚持党的领导、人民当家作主、依法治国有机统一，实行有件必备、有备必审、有错必纠，切实保证党中央决策部署贯彻落实，保障宪法和法律实施，保护公民、法人和其他组织的合法权益，维护国家法制统一，推进全面依法治国。

二、坚持有件必备。行政法规、监察法规、地方性法规、自治州和自治县的自治条例和单行条例、经济特区法规、浦东新区法规、海南自由贸易港法规（以下统称法规）以及最高人民法院、最高人民检察院作出的属于审判、检察工作中具体应用法律的解释（以下统称司法解释）依法报送全国人民代表大会常务委员会备案。

三、加强备案工作。法规、司法解释应当自公布之日起三十日内报送全国人民代表大会常务委员会备案。报送备案时，应当一并报送备案文件的纸质文本和电子文本。

全国人民代表大会常务委员会办公厅负责法规、司法解释的备案工作，对备案文件进行形式审查。对符合备案要求的，予以登记、存档，并根据职责分工分送全国人民代表大会有关专门委员会和常务委员会工作机构进行审查。对不符合备案要求的，采取退回、要求补充或者更正后重新报送等方式处理。常务委员会办公厅对报送机关的报送工作进行督促检查，并对瞒报、迟报、漏报等情况予以通报。

四、坚持有备必审。按照有备必审的要求完善审查工作机制，细化审查内容，规范审查程序，综合运用依申请审查、主动审查、专项审查、移送审查和联合审查等方式，依法开展审查工作。

全国人民代表大会专门委员会、常务委员会工作机构负责审查工作。专门委员会、常务委员会工作机构应当加强沟通协作，遇有重要问题和重要情况的，可以共同研究和协商；认为有必要进行共同审查的，可以召开联合审查会议。

五、推进合宪性审查。在备案审查工作中注重审查法规、司法解释等规范性文件是否存在不符合宪法规定、宪法原则、宪法精神的内容，认真研究涉宪性问题，及时督促纠正与宪法相抵触或者存在合宪性问题的规范性文件。在备案审查工作中落实健全宪法解释工作程序的要求，准确把握和阐明宪法有关规定和精神，回应社会有关方面对涉宪问题的关切。

六、加强依申请审查。有关国家机关依法向全国人民代表大会常务委员会书面提出审查要求的，由全国人民代表大会有关的专门委员会和常务委员会工作机构进行审查、提出意见。

其他国家机关和社会组织、企业事业单位以及公民依法向全国人民代表大会常务委员会书面提出审查建议的，由常务委员会工作机构进行审查；必要时，送有关的专门委员会进行审查、提出意见。常务委员会工作机构对审查建议进行初步审查，认为建议审查的法规、司法解释可能与宪法或者法律相抵触，或者存在合宪性、合法性问题的，应当启动审查程序。

地方各级监察委员会、人民法院、人民检察院在监察、审判、检察工作中发现法规、司法解释同宪法或者法律相抵触，或者存在合宪性、合法性问题的，可以逐级上报至国家监察委员会、最高人民法院、最高人民检察院，由国家监察委员会、最高人民法院、最高人民检察院向全国人民代表大会常务委员会书面提出审查要求。

七、加强主动审查。全国人民代表大会专门委员会、常务委员会工作机构应当加强法规、司法解释主动审查工作。健全主动审查的工作机制和方式，围绕常务委员会工作重点，结合改革发展阶段性特征，针对存在的倾向性、典型性问题，突出审查重点，提高主动审查效率和质量。

八、有针对性开展专项审查。全国人民代表大会专门委员会、常务委员会工作机构根据需要对涉及党中央决策部署、国家重大改革、重要法律实施、人民群众切身利益等方面的法规、司法解释进行专项审查，集中解决某一领域或者某一类别法规、司法解释等规范性文件中普遍存在的问题。在开展依申请审查、主动审查、移送审查过程中，发现其他法规、司法解释等规范性文件存在共性问题的，可以一并进行专项审查。

九、完善移送审查机制。全国人民代表大会常务委员会工作机构收到应当由其他机关处理的审查建议，或者发现应当由其他机关审查处理的问题，及时移送有关机关处理。移送时，可以提出研究处理的意见和建议。

其他机关在备案审查工作中发现法规、司法解释存在合宪性、合法性问题，移送全国人民代表大会常务委员会工作机构审查处理或者提出有关工作建议的，常务委员会工作机构应当进行审查。

十、探索联合审查机制。全国人民代表大会常务委员会工作机构发现法规、规章、司法解释等规范性文件存在涉及其他机关备案审查工作职责范围的共性问题的，可以与其他机关备案审查工作机构开展联合调研或者联合审查，共同研究提出审查意见和建议。

十一、明确审查重点内容。在审查工作中，应当重点审查以下内容：

（一）是否符合宪法规定、宪法原则和宪法精神；

（二）是否符合党中央的重大决策部署和国家重大改革方向；

（三）是否超越权限，减损公民、法人和其他组织权利或者增加其义务；

（四）是否违反上位法规定；

（五）是否违反法定程序；

（六）采取的措施与其目的是否符合比例原则。

十二、推进集中清理工作。全国人民代表大会常务委员会及其工作机构根据需要，可以对涉及重要法律制定或者修改、社会公共利益等方面的法规、规章、司法解释和其他规范性文件组织开展集中清理，督促有关方面及时修改或者废止不符合、不衔接、不适应法律规定、中央精神、时代要求的规定，并及时制定配套规定。组织开展集中清理，应当明确清理的范围、主要内容、时限要求等。

十三、坚持有错必纠。全国人民代表大会专门委员会、常务委员会工作机构经审查认为法规、司法解释应当予以纠正的，可以与制定机关沟通，推动制定机关修改或者废止。制定机关同意对法规、司法解释予以修改或者废止，并书面提出明确处理计划和时限的，可以不再向其提出书面审查意见，审查中止。

经沟通，制定机关不同意修改、废止或者没有书面提出明确处理计划和时限的，全国人民代表大会专门委员会、常务委员会工作机构应当依法向制定机关提出书面审查意见，要求制定机关在两个月内提出书面处理意见。制定机关按照所提意见对法规、司法解释进行修改或者废止的，审查终止。

全国人民代表大会常务委员会工作机构对可能造成理解歧义、执行不当等问题的法规、司法解释，可以函告制定机关予以提醒，提出意见和建议。

十四、依法作出纠正和撤销决定。制定机关未按照书面审查意见或者处理计划对法规、司法解释予以修改、废止的，全国人民代表大会专门委员会、常务委员会工作机构可以依法提出下列议案、建议，由委员长会议决定提请常务委员会会议审议决定：

（一）确认有关法规、司法解释与宪法、法律相抵触或者违背宪法、法律的原则和精神，要求制定机关限期修改或者废止；

（二）要求制定机关自行修改完善有关法规、司法解释，或者要求制定机关进行清理；

（三）依法予以撤销；

（四）依法作出法律解释。

法规、司法解释被纠正或者撤销后，其他规范性文件存在相同问题的，制定机关应当及时修改或者废止。

十五、践行全过程人民民主。 备案审查工作应当贯彻全过程人民民主理念，保障人民群众对国家立法和监督工作的知情权、参与权、表达权、监督权，使备案审查制度和工作成为践行全过程人民民主的重要形式和制度载体。

畅通人民群众诉求表达渠道，完善审查建议在线提交方式。做好对审查建议的接收、登记、审查、处理和反馈工作。加强与审查建议人沟通，增强审查研究的针对性、时效性。审查完成后，及时向审查建议人反馈。

开展备案审查工作应当充分发扬民主，加强调查研究。听取制定机关说明情况、反馈意见。通过座谈会、论证会、听证会、委托研究、走访调研等方式，听取国家机关、社会组织、企业事业单位、专家学者以及利益相关方的意见。注重发挥备案审查专家委员会的作用。

坚持备案审查工作与代表工作相结合，邀请代表参与调研，认真办理代表议案、建议，回应代表关切。发挥基层立法联系点民意直通车作用，深入基层了解法规、司法解释实施情况和存在的问题，听取基层群众的意见建议，提升备案审查民主含量和质量。

十六、完善备案审查衔接联动机制。加强与其他备案审查机关的沟通协作，在双重备案联动、移交处理、征求意见、会商协调、信息共享、能力提升等方面加强协作配合，支持和推动有关方面加强对规章和其他规范性文件的监督，发挥备案审查制度合力，增强备案审查制度整体成效。

十七、完善听取和审议备案审查工作情况报告制度。全国人民代表大会常务委员会法制工作委员会应当每年向常务委员会报告开展备案审查工作的情况，由常务委员会会议审议。

常务委员会组成人员对备案审查工作情况报告的审议意见连同备案审查工作情况报告，一并交由有关制定机关研究处理。备案审查工作情况报告在常务委员会公报和中国人大网刊载。

十八、持续推进备案审查信息化建设。建设好、使用好全国统一的备案审查信息平台，完善在线提出审查建议、电子备案、在线审查等平台功能，拓展信息平台的数据收集和立法服务功能，逐步实现备案审查工作数字化、智能化。

十九、加强工作联系指导。全国人民代表大会常务委员会工作机构应当加强对地方各级人民代表大会常务委员会规范性文件备案审查工作的联系和指导，召开备案审查工作座谈会，举办备案审查工作培训，健全备案审查案例指导制度，开展备案审查案例交流，推动地方各级人民代表大会常务委员会提高备案审查工作能力和质量。

二十、加强理论研究和宣传工作。围绕加强宪法实施和监督，加强备案审查理论研究和话语体系建设。拓展宣传方式和途径，及时向社会公众公开备案审查工作情况报告、工作动态、重要进展和典型案例。

二十一、健全特别行政区本地法律备案审查机制。全国人民代表大会常务委员会依据宪法和香港特别行政区基本法、澳门特别行政区基本法，加强对特别行政区立法机关制定的法律的备案审查工作，维护宪法和基本法确定的特别行政区宪制秩序。

二十二、县级以上地方各级人民代表大会常务委员会应当加强规范性文件备案审查制度和能力建设，依法开展备案审查工作。

省、自治区、直辖市的人民代表大会常务委员会根据有关法律，参照本决定制定本地区有关规范性文件备案审查的规定。

本决定自公布之日起施行。

二、关于《全国人民代表大会常务委员会关于完善和加强备案审查制度的决定（草案）》的说明

关于《全国人民代表大会常务委员会关于完善和加强备案审查制度的决定（草案）》的说明

——2023 年 12 月 25 日在第十四届全国人民代表大会常务委员会第七次会议上

全国人大常委会法制工作委员会副主任　张　勇

委员长、各位副委员长、秘书长、各位委员：

我受委员长会议委托，作关于《全国人民代表大会常务委员会关于完善和加强备案审查制度的决定（草案）》的说明。

一、出台决定的必要性和重大意义

备案审查是具有中国特色的宪法监督制度，是保障宪法法律实施、维护国家法治统一的重要制度。宪法和

15

立法法、监督法等有关法律都对此作出明确规定，十三届全国人大常委会委员长会议专门制定《法规、司法解释备案审查工作办法》，为开展备案审查工作提供了重要制度保障。

党的十八大以来，以习近平同志为核心的党中央高度重视备案审查工作，多次就加强备案审查工作作出部署、提出要求。党的二十大提出，完善和加强备案审查制度。这是党中央在全面建设社会主义现代化国家新征程上，对备案审查工作提出的新的要求。

为贯彻落实党的二十大精神，更好地履行宪法法律赋予全国人大常委会的监督职权，制定出台关于完善和加强备案审查制度的决定，围绕加强宪法实施和监督、健全保证宪法全面实施的制度体系，深入总结新时代备案审查工作实践经验，适应法治建设新任务新要求，创新备案审查制度机制，增强备案审查制度刚性，提高备案审查能力和质量，坚决纠正违宪违法行为，推进全面依法治国，意义重大。

（一）出台决定是贯彻习近平新时代中国特色社会主义思想、落实党中央决策部署的重大举措

习近平新时代中国特色社会主义思想是做好备案审查工作的根本理论指引。以习近平同志为核心的党中央从推进全面依法治国、加强宪法实施和监督的战略高度，就加强备案审查工作作出一系列决策部署。2014年，党的十八届四中全会决定提出，加强备案审查制度

和能力建设，把所有规范性文件纳入备案审查范围，依法撤销和纠正违宪违法的规范性文件。2017年，党的十九大提出，加强宪法实施和监督，推进合宪性审查工作，维护宪法权威。2021年，中央人大工作会议提出，提高备案审查工作质量，依法纠正、撤销违反宪法法律规定的法规、司法解释和其他规范性文件。2022年，党的二十大报告提出，完善和加强备案审查制度。为贯彻落实党的二十大精神，全国人大常委会作出有关决定，突出强调开展备案审查工作必须坚持以习近平新时代中国特色社会主义思想为指导，围绕党中央关于"有件必备、有备必审、有错必纠"的工作要求开展制度构建，通过决定的形式将党的决策部署固化形成完备的法律制度。

（二）出台决定是坚持和发展人民代表大会制度，全面贯彻全过程人民民主重大理念的必然要求

人民代表大会制度是坚持党的领导、人民当家作主、依法治国有机统一的根本政治制度安排，是实现全过程人民民主的重要制度载体。全过程人民民主是社会主义民主政治的本质属性。发展全过程人民民主，保障人民当家作主，是党中央明确提出的任务要求。备案审查制度是人民代表大会制度的重要组成部分。近年来，全国人大常委会注重健全备案审查工作吸纳民意、汇聚民智的机制、渠道和方式，努力使备案审查制度机制和工作实践成为新时代新征程践行全过程人民民主重大理

念的具体体现。全国人大常委会作出有关决定，以人民代表大会制度为依托，拓宽人民群众诉求表达渠道，加强备案审查宣传工作，把备案审查工作同办理代表议案建议、基层立法联系点工作结合起来，保障人民群众通过备案审查制度提出意见、表达诉求、参与监督，提升备案审查民主含量和质量，切实保护人民群众合法权益。

（三）出台决定是加强宪法实施和监督，维护国家法治统一，推进全面依法治国的客观要求

推进全面依法治国、建设社会主义法治国家必须坚持依宪治国、依宪执政，加强宪法实施和监督，健全保证宪法全面实施的制度体系，进一步提高宪法实施和监督水平。党的十八大以来，在党中央统一领导下，加强宪法实施和监督的制度机制不断建立健全，备案审查制度建设取得重大进展，由宪法、法律、行政法规、地方性法规及相关工作制度等共同构成的备案审查制度体系基本形成并不断完善，为保障宪法法律实施、维护国家法治统一发挥了重要作用。全国人大常委会对标党中央部署要求，立足已有制度建设成果，就完善和加强备案审查制度作出决定，有利于完善宪法监督制度机制，推进宪法监督规范化、程序化建设，促进提升宪法实施和监督的水平，是进一步健全保证宪法全面实施的制度体系，更加充分发挥中国特色社会主义法律体系整体功效，推进全面依法治国的重要举措。

（四）出台决定是全面总结备案审查实践经验，构建更加完善的备案审查制度体系的现实需要

党的十八大以来，全国人大常委会在党中央的坚强领导下，认真贯彻落实党中央决策部署，积极履行宪法法律监督职权，扎实推进备案审查工作，加强备案审查制度和能力建设，建立健全听取和审议备案审查工作情况报告制度，备案审查制度机制在保证党中央令行禁止、维护国家法治统一、保护人民群众合法权益等方面作用日益彰显。在备案审查工作实践中，形成了不少成熟的经验做法，需要总结提炼上升为法律制度，进一步指导备案审查工作。同时，各地开展备案审查工作还很不平衡，存在一些突出问题和矛盾。全国人大常委会结合备案审查实践经验，坚持问题导向，探索制度创新，通过决定的形式，对法律已有规定作出细化、补充、完善，提高备案审查制度的系统性、整体性，为进一步推进备案审查工作提供制度支撑，也为地方人大开展备案审查工作提供借鉴和指导。

二、出台决定的指导思想、遵循的原则和工作过程

研究出台全国人大常委会关于完善和加强备案审查制度的决定，坚持以习近平新时代中国特色社会主义思想为指导，深入贯彻习近平法治思想、习近平总书记关于坚持和完善人民代表大会制度的重要思想，深刻领悟"两个确立"的决定性意义，增强"四个意识"、坚定"四个自信"、做到"两个维护"，坚持党的领导、人民

当家作主、依法治国有机统一，围绕党中央决策部署、实践需求、人民群众的期盼，贯彻实施新修改的立法法等有关法律，进一步健全备案审查体制机制，为推进法治中国建设做出积极贡献。

制定出台决定遵循的原则：一是全面贯彻落实习近平总书记关于加强宪法实施和监督、完善和加强备案审查制度的重要论述和党中央一系列部署要求，通过决定的形式将党中央的决策部署固化形成完备的法律制度。二是坚持以人民为中心，坚持和发展全过程人民民主，坚持和完善人民代表大会制度，以人民代表大会制度为依托，保障人民群众通过备案审查制度提出意见、表达诉求、参与监督，保护人民群众合法权益。三是坚持和完善具有中国特色的宪法监督制度，通过健全备案审查制度推进宪法监督的规范化、程序化建设，保证宪法得到全面贯彻实施。四是适应新时代新要求，认真总结党的十八大以来备案审查工作取得的实践经验，坚持问题导向，坚持守正创新，切实解决备案审查工作面临的实际困难和问题，积极回应有关方面的关切与诉求。五是遵循宪法的原则和规定，正确处理决定与相关法律之间的关系，通过决定贯彻实施好新修改的立法法、全国人大常委会议事规则、地方组织法等法律，并根据实践需要进一步细化、补充和完善相关制度机制，形成一套系统完备的备案审查制度体系，为今后一段时期内持续推进备案审查工作提供法治保障和支撑。

中央全面深化改革委员会将"研究出台全国人大常委会关于完善和加强备案审查制度的决定"列入2023年工作要点。全国人大常委会2023年工作要点和立法工作计划也对出台完善和加强备案审查制度的决定提出了明确要求。按照中央改革任务要求，围绕常委会工作安排，全国人大常委会法工委主要开展了以下工作：一是深入学习贯彻习近平新时代中国特色社会主义思想特别是习近平法治思想、习近平总书记关于坚持和完善人民代表大会制度的重要思想，全面梳理和学习领会习近平总书记和党中央文件关于加强宪法实施和监督、完善和加强备案审查制度的重要论述。二是全面总结备案审查工作实践和已有制度建设成果，坚持问题导向，开展重点问题专题研究。三是深入调查研究，走访中办法规局、中央军委法制局、国家监察委员会、司法部、最高人民法院、最高人民检察院等中央和国家有关部门，与全国人大常委会有关工作机构进行座谈，赴20多个省区市调研，召开备案审查专家委员会会议，广泛听取意见建议。四是将决定草案征求意见稿印送有关中央和国家机关、全国人大各专门委员会和常委会工作机构、各省（自治区、直辖市）和经济特区市的人大常委会、部分人大代表、基层立法联系点、备案审查专家委员会委员等82个单位和个人征求意见。在此基础上，根据各方意见进一步修改完善，提出决定草案送审稿，按程序报送中央全面深化改革委员会审议。11

月 19 日，习近平总书记审定同意。据此，形成了提请本次会议审议的《全国人民代表大会常务委员会关于完善和加强备案审查制度的决定（草案）》。

三、决定草案的主要内容

《全国人民代表大会常务委员会关于完善和加强备案审查制度的决定（草案）》共 22 条，主要内容如下：

（一）明确备案审查工作的指导思想、原则和目标。根据新形势新要求，对备案审查工作的指导思想、原则和目标作出明确规定：一是明确必须坚持以习近平新时代中国特色社会主义思想为指导，贯彻习近平法治思想，坚持党的领导、人民当家作主、依法治国有机统一。二是实行有件必备、有备必审、有错必纠的工作原则。三是明确备案审查工作的目标是：切实保证党中央决策部署贯彻落实，保障宪法和法律实施，保护公民、法人和其他组织的合法权益，维护国家法治统一，推进全面依法治国。

（二）坚持有件必备，加强备案工作。一是根据实践需要，明确全国人大常委会的备案范围：行政法规、监察法规、地方性法规、自治州和自治县的自治条例和单行条例、经济特区法规、浦东新区法规、海南自由贸易港法规以及最高人民法院、最高人民检察院作出的属于审判、检察工作中具体应用法律的解释依法报送全国人大常委会备案。二是总结实践经验，对报送备案的时限、方式，以及形式审查等内容作出规定：法规、司法解释应当自公布之日起三十日内报送备案。全国人大常务委员会办公厅负责备案工作，对备案文件进行形式审查；对报送备案工作进行督促检查，对瞒报、迟报、漏报等情况予以通报。

（三）坚持有备必审，完善审查方式和机制，明确审查重点内容。一是落实党中央部署要求，根据备案审查工作实践，对坚持有备必审作出总体规定：完善审查工作机制，细化审查内容，规范审查程序，综合运用依申请审查、主动审查、专项审查、移送审查和联合审查等方式，依法开展审查工作。同时明确规定审查职责：全国人大专门委员会、常委会工作机构负责审查工作。二是积极稳妥推进合宪性审查工作，明确开展合宪性审查的工作思路和重点：在备案审查工作中注重审查有关规范性文件是否存在不符合宪法规定、宪法原则、宪法精神的内容，认真研究涉宪性问题，及时督促纠正与宪法相抵触或者存在合宪性问题的规范性文件。三是总结实践经验，进一步加强依申请审查，明确审查要求、审查建议的办理机制，规定：有关国家机关依法提出审查要求的，由全国人大有关的专门委员会和常务委员会工作机构进行审查。其他国家机关和社会组织、企业事业单位以及公民依法提出审查建议的，由常务委员会工作机构进行审查。同时，对地方监察机关、司法机关发现违宪违法问题如何依法提出审查要求的程序作出规定。四是总结实践经验，对加强主动审查作出细化规定：健全主动审查的工作机制和方式，突出审查重点，提高主动审查效率和质量。五是根据实践需要，规定有针对性开展专项审查：对涉及党中央决策部署、国家重大改革、重要法律实施、人民群众切身利益等方面的法规、司法解释进行专项审查。六是结合近年来开展移送审查工作的情况，完善移送审查机制，对移送审查的主体、方式和处理机制作出规定。七是立足实践需要，对探索联合审查机制作出规定：全国人大常委会工作机构发现有关规范性文件存在涉及其他机关备案审查工作职责范围的共性问题的，可以开展联合调研或者联合审查。八是总结备案审查工作实践中发现和处理的主要问题，结合立法法、监督法、备案审查工作办法等有关规定，将审查重点内容整合细化为六种情形：是否符合宪法规定、宪法原则和宪法精神；是否符合党中央的重大决策部署和国家重大改革方向；是否超越权限，减损公民、法人和其他组织权利或者增加其义务；是否违反上位法规定；是否违反法定程序；采取的措施与其目的是否符合比例原则。九是总结集中清理工作实践经验，对进一步推进法规、规章、司法解释等规范性文件集中清理工作作出规定。

（四）坚持有错必纠，增强备案审查制度刚性。一是落实党中央有错必纠的要求，根据实践经验，对审查纠正的具体程序作出完善规定：经审查认为法规、司法解释应当予以纠正的，可以与制定机关沟通，推动制定机关修改或者废止；经沟通，制定机关不同意修改、废止或者没有提出明确处理计划和时限的，应当依法向制定机关提出书面审查意见。二是为充分发挥全国人大常委会监督作用，增强纠错刚性，有效解决法规、司法解释中存在的问题，明确规定：制定机关未按照书面审查意见或者处理计划对法规、司法解释予以修改、废止的，全国人大专门委员会、常委会工作机构可以依法提出确认有关法规、司法解释与宪法、法律相抵触或者违背宪法、法律的原则和精神，要求制定机关自行修改完善，依法予以撤销，依法作出法律解释的议案、建议，由委员长会议决定提请常务委员会会议审议决定。

（五）完善和加强备案审查相关制度机制。一是总结近年来备案审查工作践行全过程人民民主实践，结合完善审查建议处理机制、加强调查研究、办理代表议案建议，以及发挥基层立法联系点作用等工作，对进一步完善审查程序机制，提升备案审查民主含量和质量作出规定。二是落实党中央关于健全备案审查衔接联动机制的具体要求，对加强与其他备案审查机关的沟通协作，在双重备案联动、移交处理、征求意见、会商协调等方面加强协作配合等内容作出规定。三是总结实践经验，在全国人大常委会议事规则有关规定基础上，进一步完善听取和审议备案审查工作情况报告制度，对听取和审议报告的程序、公开形式进行细化完善，并规定：常务委员会组成人员对备案审查工作情况报告的审议意见连同备案审查工作情况报告，一并交由有关制定机关研究处理。四是按照新时代数字化、信息化发展的要求，对持续推进备案审查信息化建设作出具体规定，逐步实现备案审查工作数字化、智能化。五是为增强备案审查制度合力，发挥备案审查整体功效，对加强同地方人大的工作联系和指导作出规定，推动地方各级人大常委会提高备案审查工作能力和质量。六是为进一步推进备案审查工作，提高备案审查的社会影响力，对加强理论研究和宣传工作作出规定：围绕加强宪法实施和监督，加强备案审查理论研究和话语体系建设。拓展宣传方式和途径，及时向社会公众公开备案审查工作情况报告、工作动态、重要进展和典型案例。七是根据工作需要，对健全香港、澳门特别行政区法律备案审查机制作出规定：加强对特别行政区立法机关制定的法律的备案审查工作，维护宪法和基本法确定的特别行政区宪制秩序。

（六）对地方人大备案审查工作提出要求。考虑到决定主要规范全国人大常委会的备案审查工作，一般不涉及地方人大备案审查工作，决定最后对地方人大做好备案审查工作提出原则要求，并规定：省、自治区、直辖市人大常委会根据有关法律，参照本决定制定本地区有关规范性文件备案审查的规定。

《全国人民代表大会常务委员会关于完善和加强备案审查制度的决定（草案）》和以上说明是否妥当，请审议。

26

三、全国人民代表大会宪法和法律委员会关于《全国人民代表大会常务委员会关于完善和加强备案审查制度的决定（草案）》审议结果的报告

全国人民代表大会宪法和法律委员会关于《全国人民代表大会常务委员会关于完善和加强备案审查制度的决定（草案）》审议结果的报告

——2023 年 12 月 29 日在第十四届全国人民代表大会常务委员会第七次会议上

全国人民代表大会常务委员会：

本次常委会会议于 12 月 25 日下午对全国人大常委会关于完善和加强备案审查制度的决定草案进行了分组审议。普遍认为，备案审查是保障宪法法律实施、维护国家法制统一的重要制度。决定草案坚持以习近平新时代中国特色社会主义思想为指导，深入贯彻党的二十大精神，总结备案审查工作新成果新经验，明确开展备案审查工作的指导思想、原则和目标，围绕有件必备、有备必审、有错必纠的工作要求，完善备案审查制度机制，增强备案审查制度刚性，有利于更好地履行宪法法律赋予全国人大常委会的监督职权，推动备案审查工作高质量发展，推进全面依法治国。决定草案整体上比较成熟，赞成提请本次常委会会议表决通过。同时，有些常委会组成人员和列席人员还提出了一些修改意见和建议。宪法和法律委员会于 12 月 25 日晚召开会议，逐条研究了常委会组成人员和列席人员的审议意见，对决定草案进行了审议。宪法和法律委员会认为，决定草案总体是可行的，同时提出以下修改意见：

一、有的常委会组成人员提出，决定草案中有的条款规定"法规、司法解释"，有的条款规定"法规、司法解释等规范性文件"，建议统筹考虑有关表述。宪法和法律委员会经研究认为，全国人大常委会主要是对法规、司法解释开展备案审查工作，在有的情况下也涉及其他规范性文件，建议对有关条款作相应修改。

二、决定草案第二十一条规定了健全港澳法律备案审查机制的内容。有的常委会委员建议，将"健全港澳法律备案审查机制"修改为"健全特别行政区本地法律备案审查机制"。宪法和法律委员会经研究，建议采纳这一意见。

三、决定草案第二十二条对地方人大常委会备案审查工作提出原则要求。有的常委会委员建议，将"加强备案审查制度和能力建设"修改为"加强规范性文件备案审查制度和能力建设"。宪法和法律委员会经研究，建议采纳这一意见。

此外，根据常委会组成人员的审议意见，还对决定草案作了个别文字修改。

决定草案修改稿已按上述意见作了修改，宪法和法律委员会建议本次常委会会议审议通过。

决定草案修改稿和以上报告是否妥当，请审议。

四、历年备案审查
工作情况的报告

全国人民代表大会常务委员会法制工作委员会关于十二届全国人大以来暨2017年备案审查工作情况的报告

——2017 年 12 月 24 日在第十二届全国人民代表大会常务委员会第三十一次会议上

全国人大常委会法制工作委员会主任　沈春耀

全国人民代表大会常务委员会：

现将十二届全国人大以来暨 2017 年开展备案审查工作的情况报告如下，请予审议。

一、开展备案审查工作的依据和意义

对行政法规、地方性法规、司法解释开展备案审查，是宪法法律赋予全国人大常委会的一项重要职权，是全国人大常委会履行宪法法律监督职责的一项重要工

35

作。宪法第六十二条、第六十七条规定，全国人大及其常委会行使监督宪法实施的职权，全国人大常委会有权撤销同宪法法律相抵触的行政法规、地方性法规。宪法第一百条规定，地方性法规报全国人大常委会备案。立法法第五章"适用与备案审查"、监督法第五章"规范性文件的备案审查"对备案审查制度作出具体规定，并明确将行政法规、地方性法规、司法解释纳入全国人大常委会备案审查范围。

根据宪法法律、行政法规、地方性法规以及党内法规和军事法规有关规定，目前我国已经形成由党委、人大、政府、军队各系统分工负责、相互衔接的规范性文件备案审查制度体系。基本框架是：全国人大常委会对行政法规、地方性法规、司法解释进行备案审查；国务院对地方性法规、部门规章、地方政府规章进行备案审查；地方人大常委会对本级及下级地方政府规章以及下一级地方人大及其常委会的决议、决定和本级地方政府的决定、命令进行备案审查；党中央和地方党委对党内法规和党内规范性文件进行备案审查；中央军事委员会对军事规章和军事规范性文件进行备案审查。

坚持依法治国首先要坚持依宪治国。全面贯彻实施宪法，宪法监督是重要保障。对规范性文件实行备案审查，是维护宪法法律尊严、保障宪法法律实施、保证国家法制统一的重要制度安排。加强备案审查工作是完善宪法监督制度的重要着力点。党的十八大以来，以习近平同志为核心的党中央高度重视宪法实施和监督，强调加强备案审查工作。2012 年 12 月，习近平总书记在首都各界纪念现行宪法公布施行 30 周年大会上的讲话指出，全国人大及其常委会和国家有关监督机关要担负起宪法和法律监督职责，加强对宪法和法律实施情况的监督检查，健全监督机制和程序，坚决纠正违宪违法行为。2013 年党的十八届三中全会提出，健全法规、规章、规范性文件备案审查制度。2014 年党的十八届四中全会提出，加强备案审查制度和能力建设，把所有规范性文件纳入备案审查范围，依法撤销和纠正违宪违法的规范性文件，禁止地方制发带有立法性质的文件。2015 年中央办公厅出台工作指导性文件提出，建立党委、人大、政府和军队系统之间的规范性文件备案审查衔接联动机制，实现有件必备、有备必审、有错必纠。

全国人大常委会高度重视备案审查工作。2004 年 5 月，全国人大常委会在法制工作委员会内设立法规备案审查室，专门承担对行政法规、地方性法规、司法解释的具体审查研究工作，为全国人大常委会履行备案审查职责提供服务保障。十二届全国人大以来，全国人大常委会将备案审查工作列入每年的工作要点和立法、监督工作计划，全国人大常委会领导多次就备案审查作出重要阐述。张德江委员长明确指出备案审查制度具有两重基本功能，一是保证中央令行禁止，二是保证宪法法律实施，同时对提高地方立法质量也具有积极作用。李建国副委员长、王晨副委员长兼秘书长也就加强和改进备案审查工作提出明确要求。

五年来，国务院、最高人民法院、最高人民检察院，以及有立法权的地方人大及其常委会，积极适应全面依法治国新要求，依照法定权限和程序开展行政法规、地方性法规、司法解释制定和报送备案工作，自觉坚持与宪法法律保持一致，主动接受全国人大常委会监督，为贯彻落实党中央决策部署，有效实施宪法法律，维护中国特色社会主义法律体系科学和谐统一，发挥了重要作用。

二、开展备案审查工作的情况

十二届全国人大以来，在全国人大常委会领导下，法制工作委员会与全国人大专门委员会、常委会办公厅和有关工作机构密切配合，坚持以习近平新时代中国特色社会主义思想为指导，认真贯彻落实以习近平同志为核心的党中央的决策部署，坚持党的领导、人民当家作主、依法治国有机统一，坚决维护宪法法律权威，依据宪法法律和有关规定，按照全国人大常委会工作部署，积极开展备案审查工作，取得明显成效。

（一）备案工作情况

根据立法法第九十八条、监督法第三十一条的规定，行政法规、地方性法规、自治条例和单行条例、经济特区法规、司法解释，应当在公布后三十日内按照规定程序报全国人大常委会备案。备案是审查的前提。制定机关依法、及时将规范性文件按要求报送备案，直接关系后续审查工作的有效开展，也是制定机关自觉接受监督的重要体现。根据全国人大常委会委员长会议通过的《行政法规、地方性法规、自治条例和单行条例、经济特区法规备案审查工作程序》和《司法解释备案审查工作程序》，常委会办公厅具体承担接收备案工作。

十二届全国人大以来，截至 2017 年 12 月上旬，常委会办公厅共接收报送备案的规范性文件 4778 件，其中行政法规 60 件，省级地方性法规 2543 件，设区的市地方性法规 1647 件，自治条例 15 件，单行条例 248 件，经济特区法规 137 件，司法解释 128 件。2017 年，常委会办公厅共接收报送备案的规范性文件 889 件，其中行政法规 18 件，省级地方性法规 358 件，设区的市地方性法规 444 件，自治条例 1 件，单行条例 24 件，经济特区法规 24 件，司法解释 20 件。

（二）审查工作情况

根据立法法第九十九条、监督法第三十二条的规定，国务院、中央军事委员会、最高人民法院、最高人民检察院和各省、自治区、直辖市的人大常委会认为行政法规、地方性法规、自治条例和单行条例、司法解释同宪法或者法律相抵触的，可以向全国人大常委会书面提出进行审查的要求，由常委会工作机构送有关专门委员会进行审查、提出意见;有关国家机关和社会团体、企业事业组织以及公民认为行政法规、地方性法规、自治条例和单行条例、司法解释同宪法或者法律相抵触的,可以向全国人大常委会书面提出审查建议,由常委会工作机构进行研究,必要时,送有关的专门委员会进行审查、提出意见;有关的专门委员会和常委会工作机构可以对报送备案的规范性文件进行主动审查。

备案审查工作实践中,法制工作委员会主要采取依申请进行的审查、依职权进行的审查、有重点的专项审查等方式开展审查研究工作。

1. 依申请进行的审查情况。依申请进行的审查,是指根据有关国家机关和社会团体、企业事业组织以及公民依法书面提出的审查要求或者审查建议,对行政法规、地方性法规、司法解释进行的审查。十二届全国人大以来,法制工作委员会共收到公民、组织提出的各类审查建议 1527 件,其中 2013 年 62 件,2014 年 43 件,2015 年 246 件,2016 年 92 件,2017 年 1084 件。审查建议中属于全国人大常委会备案审查范围,即建议对行政法规、地方性法规、司法解释进行审查的有 1206 件,占 79.0%;不属于全国人大常委会备案审查范围的有 321 件,占 21.0%。属于全国人大常委会备案审查范围的 1206 件审查建议中,建议对行政法规进行审查的 24 件,占 2.0%;建议对地方性法规进行审查的 66 件,占 5.5%;建议对司法解释进行审查的 1116 件,占

92.5%。没有收到过有关国家机关提出的审查要求。

法制工作委员会对收到的审查建议逐一进行认真研究，对审查中发现存在与法律相抵触或者不适当问题的，积极稳妥作出处理。例如，根据 2016 年浙江省 1 位公民提出的审查建议，对有关地方性法规在法律规定之外增设"扣留非机动车并托运回原籍"的行政强制的问题进行审查研究，经与制定机关沟通，相关地方性法规已于 2017 年 6 月修改。根据 2016 年内蒙古自治区 1 位公民提出的审查建议，对有关司法解释规定"附条件逮捕"制度的问题进行审查研究，经与制定机关沟通，相关司法解释已于 2017 年 4 月停止执行。根据 2016 年中国建筑业行业组织提出的审查建议，对地方性法规中关于政府投资和以政府投资为主的建设项目以审计结果作为工程竣工结算依据的规定进行审查研究，于 2017 年 2 月致函各省、自治区、直辖市人大常委会，要求对地方性法规中直接规定以审计结果作为竣工结算依据，或者规定建设单位应当在招标文件或合同中要求以审计结果作为竣工结算依据的条款进行清理，适时予以纠正。目前已有 7 个地方对相关地方性法规作出修改。根据 2017 年北京大学、上海财经大学、浙江财经大学、人力资源和社会保障部劳动科学研究所 4 位学者联名提出的审查建议，对涉及人口与计划生育的地方性法规中关于"超生即辞退"的规定进行审查研究，于 2017 年 9 月致函有关地方人大常委会，建议对有关地方性法规中类似的控制措施和处罚处分处理规定作出修改。目前已有 1 个地方对相关地方性法规作出修改。根据 2017 年上海大学等 20 多所高校 108 位知识产权专业研究生联名提出的审查建议，对地方性法规中规定的著名商标制度进行审查研究，于 2017 年 11 月致函有关地方人大常委会，要求对有关著名商标制度的地方性法规予以清理废止，并致函国务院法制办公室，建议其对涉及著名商标制度的地方政府规章和部门规范性文件同步进行清理。

2017 年 3 月十二届全国人大五次会议期间，有 45 位全国人大代表分别联名提出 5 件建议，要求对最高人民法院制定的《关于适用〈中华人民共和国婚姻法〉若干问题的解释（二）》第二十四条关于夫妻共同债务承担的规定进行审查。2016 年以来，法制工作委员会还收到公民提出的近千件针对这一规定的审查建议。为做好代表建议和公民审查建议的办理工作，法制工作委员会于 2017 年 6 月召开座谈会，邀请提出建议的部分全国人大代表参加，与最高人民法院有关部门进行沟通研究，推动解决有关问题。

2. 依职权进行的审查情况。依职权进行的审查，是指依据法律赋予的备案审查职权，主动对报送全国人大常委会备案的行政法规、地方性法规、司法解释进行的审查研究，亦称主动审查。十二届全国人大以来，法制工作委员会对报送全国人大常委会备案的 60 件行政法规、128 件司法解释逐件进行主动审查研究。审查发现 5 件司法解释存在与法律不一致或者其他问题，及时研究提出处理意见。例如，2015 年 6 月，审查发现民事诉讼法司法解释中有关拘传原告和被执行人的规定与民事诉讼法的规定不一致，在有关专门委员会支持下，推动制定机关于 2017 年 2 月作出妥善处理。与此同时，对以往审查发现的问题持续开展督促纠正工作。例如，2009 年 7 月，审查发现有关非法行医的司法解释中将个人未取得医疗机构执业许可证开办医疗机构的行为认定为非法行医犯罪，与刑法规定不一致，经与制定机关反复沟通并跟踪督促，制定机关已于 2016 年 12 月对相关规定作出修改。2017 年，进一步加大主动审查力度，目前，已经完成对 14 件行政法规、17 件司法解释、150 余件地方性法规的主动审查研究工作。

3. 有重点的专项审查情况。有重点的专项审查，是为贯彻党中央重大决策部署、配合重要法律修改、落实全国人大常委会监督工作计划，或者回应社会关注热点，有重点地对某类规范性文件开展的集中审查。十二届全国人大以来，针对部分地方出台"雷人法规"突破法律规定、损害法律尊严，少数地方规定的预算审查监督内容超出本级人大及其常委会的职权范围，部分地方涉税规范性文件违法违规，个别地方没有根据修改后的选举法及时修改相关地方性法规，以及一些地方关于自然保护区的法规与上位法规定不一致等问题，法制工作委员会多次开展专项审查。例如，2015 年结合全国人大常委会三次打包修改法律取消或者下放部分行政审批事项，对与法律修改内容有关的 107 件地方性法规逐件进行审查研究，督促地方人大常委会对 30 件与修改后的法律规定不一致的地方性法规及时作出修改。2017 年 6 月，在党中央通报甘肃祁连山自然保护区存在的突出问题及其深刻教训后，对专门规定自然保护区的 49 件地方性法规集中进行专项审查研究，并于 9 月致函各省、自治区、直辖市人大常委会，要求对涉及自然保护区、环境保护和生态文明建设的地方性法规进行全面自查和清理，杜绝故意放水、降低标准、管控不严等问题。截至目前，已有 30 个省、自治区、直辖市人大常委会书面反馈清理情况和处理意见，包括设区的市、自治州、自治县在内，总共已修改、废止相关地方性法规 35 件，拟修改、废止 680 件。

按照十一届全国人大常委会有关工作部署和要求，法制工作委员会从 2011 年 4 月开始督促指导开展对现行司法解释和司法解释性质文件的集中清理工作。经过将近两年的清理，最高人民法院、最高人民检察院共分三批废止 817 件、确定修改 187 件司法解释或司法解释性质文件。2013 年 4 月，法制工作委员会在十二届全国人大常委会第二次会议上作了关于司法解释集中清理工作情况的报告，提出抓紧修改有关司法解释和司法解释性质文件，进一步规范司法解释制定工作。

三、加强备案审查制度和能力建设的情况

（一）建立健全备案审查制度和工作机制

党的十八届四中全会明确提出，加强备案审查制度和能力建设。法制工作委员会积极贯彻落实党中央和全国人大常委会的部署，认真总结实践经验，将一些符合工作实际、行之有效的做法规定下来。2015年3月立法法作出修改，对开展主动审查、提出书面审查研究意见、向审查建议人反馈、向社会公开等作出明确规定。2014年9月，制定了《全国人大常委会法制工作委员会对提出审查建议的公民、组织进行反馈的工作办法》。2016年12月，制定了《全国人大常委会法制工作委员会法规、司法解释备案审查工作规程（试行）》，对审查建议的接收登记与移交、审查研究、处理与反馈等作出具体规定。目前，正在抓紧研究起草备案审查工作规范，落实立法法、监督法有关规定，进一步明确审查范围、标准、程序和纠正措施等，健全相关工作机制，推动备案审查制度建设迈上新台阶。

（二）着力推进备案审查信息化建设

以信息化建设提升备案审查工作能力和水平，是贯彻落实党中央关于加强备案审查能力建设精神的必然要求，也是适应备案审查工作新形势新任务、提高备案审查工作水平的重要基础性工作。根据全国人大常委会工作部署，法制工作委员会与办公厅秘书局、信息中心组成联合工作组，扎实推进备案审查信息平台建设。经过

努力，全国人大备案审查信息平台已于 2016 年底开通运行。1949 年以来现行有效的行政法规（755 件）、司法解释（710 件）和 1979 年授予地方立法权以来现行有效的地方性法规（截至 2016 年 12 月 31 日 10244 件）已经按照统一的格式标准全部上传至备案审查信息平台。2017 年 1 月 1 日以后新制定的地方性法规已经逐件开展电子报送备案，今后新制定的行政法规、司法解释也将逐件开展电子报送备案。目前正在按照标准、网络、内容、数据"四统一"的要求，大力推进省级人大备案审查信息平台建设，尽早实现省级人大平台与全国人大平台对接和各级立法主体信息平台间的互联互通，为全面提升备案审查能力打下坚实基础。

（三）指导和支持地方人大开展备案审查工作

在每年的全国地方立法研讨会、座谈会上，全国人大常委会领导和法律委员会、法制工作委员会负责同志都对加强和改进各级人大备案审查工作提出明确要求。自 2008 年以来，法制工作委员会每年举办一次部分地方人大参加的备案审查工作研讨会，深入进行交流探讨，有针对性地指导地方人大开展备案审查工作。2016年 12 月，备案审查工作研讨会在山东省济宁市召开，中央办公厅法规局、国务院法制办公室、中央军委法制局和 16 个省、自治区、直辖市及 16 个设区的市人大常委会的有关同志参加会议，全国人大常委会机关党组领导同志出席会议并作指导。2017 年 7 月、9 月，先后在珠海市、长沙市召开座谈会、研讨会，邀请地方人大同志就备案范围、审查标准、审查程序、向常委会报告工作等备案审查工作中的若干问题进行研讨，交流经验，交换意见，凝聚共识。

（四）建立健全备案审查衔接联动机制

贯彻 2015 年中央办公厅有关文件精神，落实有件必备、有备必审、有错必纠的要求，法制工作委员会积极建立健全与中央办公厅、国务院法制办公室、中央军委法制局之间的备案审查衔接联动机制，推动形成互联互通互动的工作格局。在审查建议移交、研究意见沟通、信息共享、培训研讨等方面形成了常态化的工作联系机制，为实现规范性文件备案审查全覆盖提供了制度保障。通过备案审查衔接联动机制，2017 年，法制工作委员会共向有关机关转送规范性文件审查建议 37 件。

四、下一步工作考虑

当前，备案审查工作在持续取得进展的同时，也面临许多新情况新问题，亟待认真研究和解决：一是有关方面对新形势下备案审查工作的重要性认识不够，有待进一步提高；二是有件必备尚未完全落实，备案范围有待进一步厘清，报送备案不规范、不及时甚至漏报的情况仍有发生；三是审查标准、程序和督促纠正机制等不够明确规范，有关制度刚性不足，约束力不强，有备必审、有错必纠需要进一步落实。此外，制定机关超越立法权限、突破上位法规定等问题不同程度存在，常态化清理机制有待建立健全。总的来看，备案审查制度和能力建设仍然不足，备案审查工作离党中央的要求和人民群众的期待还有差距。下一步，适应全面依法治国的新形势新任务新要求，拟着重从以下几方面加强和改进备案审查工作：

1. 加强备案工作。进一步明确备案范围、规范备案行为，督促制定机关依法、及时报送备案，做到应备尽备，落实全国人大常委会提出的"规范性文件在哪里，备案审查就跟到哪里"和"只要规范性文件的制定主体属于人大监督对象，其制定的规范性文件都应当纳入备案审查范围，实现备案全覆盖"的要求。

2. 加强审查研究和处理工作。认真做好对行政法规、地方性法规、司法解释的审查、研究、处理、反馈工作，对于审查建议做到件件有处理、有结果、有回复，并适时向社会公开。加强与制定机关之间的沟通协商，加大督促力度，对于存在违宪违法违规问题的，坚决予以纠正，防止久拖不决，切实增强监督实效。

3. 加强备案审查制度建设。制定统一的备案审查工作规范，细化审查标准，规范审查程序，强化制度刚性，建立健全工作机制，进一步提升备案审查工作的规范化水平。逐步实行按年度向常委会报告备案审查工作情况制度。加强同其他机关备案审查工作机构之间的沟通协调，健全备案审查衔接联动机制。

4. 加强备案审查能力建设。完善备案审查机构设置，加强备案审查队伍建设，着力提高审查研究能力。进一步加快建立全国统一的备案审查信息平台，实现规范性文件制定主体间的网上互联互通，巩固信息平台的备案和审查功能，拓展信息平台的数据收集和立法服务功能。

5. 加强备案审查理论研究。认真总结近年来全国人大常委会及地方人大开展备案审查工作的实践经验，深入探讨备案审查这一符合中国国情、具有中国特色的宪法监督制度的功能、地位和作用，逐步构建起备案审查制度理论框架和话语体系，为更好开展备案审查工作提供指导，为推进合宪性审查工作奠定基础。

6. 加强对地方人大备案审查工作的指导。加强同地方人大常委会的联系，通过举办备案审查工作研讨会、座谈会、培训班，积极开展经验交流和业务探讨，推动地方人大加强备案审查制度和能力建设，提升备案审查整体工作水平。

党的十九大报告明确指出，加强宪法实施和监督，推进合宪性审查工作，维护宪法权威。这对新形势下开展备案审查工作提出了更高的要求。法制工作委员会将会同全国人大专门委员会、常委会办公厅和有关工作机构，深入学习贯彻党的十九大精神，以习近平新时代中国特色社会主义思想为指导，落实全国人大常委会工作部署，按照有件必备、有备必审、有错必纠的要求，切实加强和改进备案审查工作，保证中央令行禁止，保证宪法法律实施，推动全面依法治国向纵深发展。

附表 1

十二届全国人大以来接收报送备案的情况

单位：件

类型＼时间	2017 年	本届以来
行政法规	18	60
省级地方性法规	358	2543
设区的市地方性法规	444	1647
经济特区法规	24	137
自治条例	1	15
单行条例	24	248
司法解释	20	128
合 计	889	4778

附表 2

十二届全国人大以来接收公民、
组织审查建议的情况

单位：件

年份＼类型	行政法规	地方性法规	司法解释	其他	总计
2013	5	8	12	37	62
2014	3	10	5	25	43
2015	11	15	159	61	246
2016	3	17	19	53	92
2017	2	16	921	145	1084
合计	24	66	1116	321	1527

全国人民代表大会常务委员会法制工作委员会关于 2018 年备案审查工作情况的报告

——2018 年 12 月 24 日在第十三届全国人民代表大会常务委员会第七次会议上

全国人大常委会法制工作委员会主任　沈春耀

全国人民代表大会常务委员会：

现将 2018 年开展备案审查工作的情况报告如下，请予审议。

备案审查制度是保障宪法法律实施、维护国家法制统一的宪法性制度。根据宪法和立法法、监督法的规定，国务院制定的行政法规，地方人大及其常委会制定的地方性法规，以及最高人民法院、最高人民检察院制定的司法解释，应当报送全国人大常委会备案。全国人大常委会对报送备案的法规、司法解释进行审查，对与宪法法律相抵触的法规、司法解释有权予以撤销、纠正。

过去一年，国务院、最高人民法院、最高人民检察院以及有立法权的地方人大及其常委会认真贯彻全面依法治国的要求，依照法定权限和程序开展行政法规、地方性法规、司法解释制定和报送备案工作，为确保党中央决策部署贯彻落实、推动和保障宪法法律实施、完善中国特色社会主义法律体系、维护国家法制统一发挥了重要作用。从备案审查工作情况看，行政法规、地方性法规、司法解释的内容总体上是适应实际需要的，是符合宪法法律的。

在全国人大常委会领导下，法制工作委员会与全国人大有关单位协同配合，深入学习贯彻习近平总书记关于全面依法治国的新理念新思想新战略，按照党中央提出的"有件必备、有备必审、有错必纠"的要求，积极开展备案审查工作，加大监督纠正力度，加强备案审查制度和能力建设，为全国人大常委会依法履行备案审查职责提供服务保障，备案审查工作取得了新进展。

一、关于落实"有件必备"情况

一年来，制定机关共向全国人大常委会报送备案行政法规、地方性法规、司法解释1238件，其中行政法规40件，省级地方性法规640件，设区的市地方性法规 483 件，自治条例和单行条例 33 件，经济特区法规 24 件，司法解释 18 件。据不完全统计，截至 2018 年 11 月底，制定机关共向全国人大常委会报送备案现行有效行政法规、地方性法规、司法解释 12397 件，其中行政法规 755 件，省级地方性法规 6083 件，设区的市地方性法规 3519 件，自治条例和单行条例 995 件，经济特区法规 335 件，司法解释 710 件。行政法规、地方性法规、司法解释基本实现了有件必备。按照法治原则，只要规范性文件的制定主体属于人大监督对象，这些主体制定的各类规范性文件就都应当纳入人大备案审查范围。

政府规章是地方政府规范性文件的重要表现形式，依法加强对政府规章的备案审查，是地方人大开展备案审查工作的重要内容。为推进政府规章备案审查工作，2018 年 2 月，法制工作委员会向北京、天津、上海、重庆等四个直辖市和深圳、珠海、汕头、厦门等四个经济特区市人大常委会发函，要求发挥先行先试作用，督促梳理全部现行有效的政府规章，并探索形成切实可行的备案工作机制。目前，四个直辖市和四个经济特区市共梳理出现行有效的政府规章 1235 件，正抓紧开展规章的纸质和电子报备工作。

根据立法法等有关规定，最高人民法院、最高人民检察院有权制定司法解释，地方人民法院、地方人民检察院无权制定司法解释和司法解释性质文件。实践中地方"两院"制定了许多规范性文件，其中有不少是属于审判、检察工作范围的内容，直接涉及公民的权利义务。有的地方人大常委会已将这些文件纳入备案审查范围，有的则尚未纳入。法制工作委员会就此开展调研，与有关方面进行沟通。

党的十八届四中全会提出，把所有规范性文件纳入备案审查范围。拟从明年开始，逐步推动将地方政府规章和其他规范性文件以及地方"两院"制定的有关规范性文件全部纳入人大备案审查范围，以备案全覆盖带动审查全覆盖，以审查全覆盖实现监督全覆盖，重点是将影响老百姓切身利益、直接涉及公民权利义务的各类规范性文件依法纳入人大备案审查范围。

二、关于落实"有备必审"情况

保证党中央令行禁止，保障宪法法律实施，保护公民法人合法权利，是实行备案审查制度、开展备案审查工作的初衷所在、职责所在。我们综合运用依职权审查（即主动审查）、依申请审查、专项审查等方式，依法对行政法规、地方性法规、司法解释等规范性文件开展合宪性、合法性、适当性审查，组织开展专项清理工作，推动解决上下不一致、配套不及时、规定不到位等问题，切实维护国家法制统一。

（一）贯彻全国人大常委会有关决议精神，推动生态环保方面规范性文件全面清理工作

打好污染防治攻坚战，是党中央确定的"三大攻

坚战"之一。2018 年 7 月，全国人大常委会召开会议，听取审议大气污染防治法执法检查报告并开展专题询问，审议通过《关于全面加强生态环境保护依法推动打好污染防治攻坚战的决议》。《决议》明确提出："抓紧开展生态环境保护法规、规章、司法解释和规范性文件的全面清理工作，对不符合不衔接不适应法律规定、中央精神、时代要求的，及时进行废止或修改。"常委会办公厅向有关方面发函，要求做好生态环境保护法规、规章、司法解释等规范性文件的全面清理工作。法制工作委员会向各省（区、市）人大常委会发出《关于加强加快大气污染防治和生态环境保护地方立法工作的意见》，督促抓紧制定完善大气污染防治方面的地方性法规。

各省（区、市）人大常委会对生态环保法规清理工作高度重视，认真贯彻党中央决策部署和全国人大常委会决议精神，在 2017 年工作基础上，扩大法规清理工作范围，坚持工作力度不减缓、清理对象不遗漏，持续深入开展生态环保法规清理工作，并督促本省（区、市）政府抓紧开展生态环境保护地方政府规章和规范性文件的全面清理工作。目前，31 个省（区、市）均已反馈清理工作情况。经过一年多持续努力，各地清理发现存在与上位法规定不一致等问题需要研究处理的法规共 1029 件，目前已总共修改 514 件、废止 83 件，还有 432 件已列入立法工作计划，拟抓紧修改或者废止。

同时，各地严格按照全国人大常委会执法检查报告要求，大力开展大气污染防治条例的制定、修改工作，目前28个省（区、市）人大常委会已经完成大气污染防治地方性法规制定、修改工作，其中新制定大气污染防治条例15件、修改13件，其余3个地方拟于12月底前完成相关立法任务。总的来看，各地积极开展生态环保法规清理和制定工作，举措有力，取得明显成效；但同时也存在个别地方认识不到位、贯彻落实不坚决、工作进展缓慢等问题。

（二）通过备案审查工作，积极推动解决社会关注的现实问题

向全国人大常委会提出对法规、司法解释的审查建议，是立法法、监督法赋予公民的一项重要权利，也是人民群众对法规、司法解释制定工作进行监督的一个重要渠道。2018年，法制工作委员会共收到公民、组织涉及规范性文件的各类来信来函4578件，可以明确为审查建议的有1229件，其中属于全国人大常委会备案审查范围的有112件，占9.1%。112件审查建议中，建议对行政法规进行审查的5件，占4.5%；建议对地方性法规进行审查的63件，占56.3%；建议对司法解释进行审查的44件，占39.2%。没有收到有关国家机关提出的审查要求。

对收到的审查建议，我们逐一进行登记、研究。对不属于全国人大常委会审查范围的审查建议，通过备案

审查衔接联动机制转送有关方面研究处理，并对审查建议的办理情况进行跟踪。审查建议办理完毕后，及时向审查建议人反馈研究处理情况。2018 年共对 22 件审查建议书面反馈了研究情况和处理结果。

近年来收到的审查建议中，有不少是针对道路交通管理的地方性法规和规章提出的，涉及对车辆采取限行、限号措施以及将处理违章作为机动车年检前提条件等方面的规定。法制工作委员会 2018 年集中开展了对道路交通管理地方性法规、部门规章的审查研究，重点审查研究其中有关道路交通管理措施和行政处罚、行政强制的规定是否符合上位法，是否不当限制公民权利或者增加公民义务，在此基础上与一些地方人大常委会及公安部、生态环境部作了沟通。下一步，将针对审查研究中发现的问题，与制定机关深入沟通并督促解决。

全国政协十三届一次会议期间，有全国政协委员提出提案，建议对收容教育制度进行合宪性审查。收容教育制度的主要法律依据是 1991 年七届全国人大常委会第二十一次会议通过的《关于严禁卖淫嫖娼的决定》。该《决定》第四条第二款规定："对卖淫、嫖娼的，可以由公安机关会同有关部门强制集中进行法律、道德教育和生产劳动，使之改掉恶习。期限为六个月至二年。具体办法由国务院规定。"国务院据此制定了《卖淫嫖娼人员收容教育办法》。制定该《决定》主要是为了补充修改当时的刑法和治安管理处罚条例的有关规定，制定程序和内容均符合宪法规定。后来的情况是，《决定》规定的刑事方面内容，在1997年修改刑法时已经被吸收到刑法之中；但《决定》规定的收容教育制度作为行政措施继续有效，并一直延续至今。今年，我们会同有关部门开展了联合调研，了解收容教育制度实施情况，召开座谈会听取相关单位和部分人大代表、政协委员和专家学者的意见，并书面征求了有关单位的意见。总的看，收容教育制度实施多年来，在维护社会治安秩序、教育挽救卖淫嫖娼人员、遏制不良社会风气蔓延等方面发挥了积极作用。但是，随着我国经济社会的快速发展和民主法治建设的深入推进，特别是2013年废止劳动教养制度后，情况发生了很大变化。近年来，收容教育措施的运用逐年减少，收容教育人数明显下降，有些地方已经停止执行。通过调研论证，各有关方面对废止收容教育制度已经形成共识，启动废止工作的时机已经成熟。为了深入贯彻全面依法治国精神，我们建议有关方面适时提出相关议案，废止收容教育制度。

（三）通过备案审查工作，对一些有不同认识的问题加强研究和跟踪

备案审查工作中遇到的问题，不少是法规、司法解释等规范性文件在制定和实施中有不同认识、需要准确把握法律和政策界限的问题。例如，有关方面通过出台规范性文件，建立信用惩戒制度，推动社会信用体系建

设；同时也引发了一些滥用信用惩戒侵犯公民隐私权和其他合法权益的担忧。又如，一些地方相继制定"地方金融条例"，带来了对金融管理是否属于国家立法专属事项、地方金融立法是否影响金融市场统一的不同认识。针对这些情况，我们加强对有关规范性文件的审查研究，跟踪了解有关立法动态，防止出现侵犯公民合法权利的情况，防止出现超越立法权限和违背上位法规定的情形。

三、关于落实"有错必纠"情况

对备案审查工作中发现的问题，法制工作委员会认真开展审查研究，通过与制定机关沟通、提出书面研究意见等方式，加大监督纠正力度，推动相关问题妥善解决。

（一）对有关规范性文件中存在的问题及时予以督促纠正和妥善处理

根据公民审查建议，推动最高人民法院对婚姻法司法解释（二）第二十四条进行修改完善。2018 年 1 月，最高人民法院发布《关于审理涉及夫妻债务纠纷案件适用法律有关问题的解释》，对夫妻共同债务的认定标准和举证责任分配进行了细化和完善，有关问题得到妥善解决。

根据公民审查建议，对最高人民法院关于审理破坏野生动物资源刑事案件的解释将"驯养繁殖物种"纳入有关"珍贵、濒危野生动物"范围的规定，进行审查研究。根据有关组织审查建议，对最高人民法院关于适用公司法的规定（二）中有关公司股东、董事清算责任的规定，进行审查研究。经沟通，最高人民法院已启动工作，拟对上述有关司法解释的内容进行修改完善。

根据公民审查建议，对最高人民检察院《人民检察院民事诉讼监督规则（试行）》有关"当事人对一审民事判决、裁定未提出上诉而向人民检察院申请监督的，人民检察院不予受理"的规定，进行审查研究。经沟通，最高人民检察院已停止执行该规定，并明确当事人针对人民法院作出的已经发生法律效力的一审民事判决、裁定提出的监督申请，无论是否提出过上诉，只要符合民事诉讼法第二百零九条规定，均应依法受理。

根据公民审查建议，对河北省人大常委会《关于促进农作物秸秆综合利用和禁止露天焚烧的决定》中有关"露天焚烧秸秆没有当事人的，由农业经营主体承担责任，可以对农业经营主体主要负责人处罚款"的规定，进行审查研究。经沟通，河北省人大常委会表示将对该规定进行修改完善。

根据公民审查建议，对《上海市道路交通管理条例》关于"机动车在本市有道路交通违法行为逾期未接受处理记录累积达到五起以上的，可以先予扣留机动车行驶证"的规定，进行审查研究。经沟通，上海市人大常委会表示将对该规定进行修改完善。

（二）对 2017 年法规纠正情况进行跟踪督促

为了加大监督纠正力度，2018 年 2 月，法制工作委员会向有关地方人大常委会发出督办函，对有关地方性法规进行修改、废止的落实情况开展"回头看"，督促有关方面加快工作进度，及时完成。

2017 年 2 月，我们发出书面研究意见，要求有关地方人大常委会对审计条例中直接规定以审计结果作为政府投资建设项目竣工结算依据和规定建设单位应当在招标文件中载明或者在合同中约定以审计结果作为竣工结算依据的内容予以修改或者废止。有 11 个省（区、市）、8 个设区的市、2 个经济特区的法规存在上述问题。经督促，各地均已完成相关法规修改、废止工作。

2017 年 9 月，我们发出书面研究意见，要求有关地方人大常委会对人口与计划生育条例中关于"超生即辞退"等控制措施和处理规定作出修改。有 7 个省的地方性法规存在上述问题。经督促，各地均已完成相关法规修改工作。

2017 年 11 月，我们发出书面研究意见，要求有关地方人大常委会对有关著名商标制度的地方性法规予以清理，适时废止。有 8 个省（区、市）、3 个设区的市制定了关于著名商标的地方性法规。经督促，各地均已完成相关法规废止工作。2018 年，针对个别地方采取变通规避方式，以地方商标协会名义继续开展地方著名商标评比认定的情况，我们及时督促有关方面予以纠正。

（三）推动各有关方面加大备案审查工作力度

为了落实备案审查全覆盖的要求，我们着力推动各有关方面加强对法规、司法解释以外规范性文件的审查工作力度。对公民、组织直接向全国人大常委会提出对这些文件进行审查的建议，转送有关方面审查研究并推动及时作出处理。

根据公民审查建议，对《江苏省工程建设项目招标范围和规模标准规定》有关问题进行研究，认为属于地方政府规章与国务院部门规章不一致问题，依法应由国务院裁决。我们将该件审查建议转交司法部研究处理，根据反馈情况，该规定与国务院部门规章不一致的问题已经得到解决。

根据公民审查建议，对湖南省司法厅《关于"四大类"外司法鉴定事项管理有关问题的通知》有关问题进行研究，认为该通知关于"四大类"外司法鉴定事项登记管理有关规定，与《全国人大常委会关于司法鉴定管理问题的决定》相抵触。我们督促湖南省人大常委会依法予以纠正，并建议司法部督促地方政府司法行政部门立即停止办理"四大类"外司法鉴定机构的登记工作。根据反馈情况，湖南省司法厅已将全省"四大类"外司法鉴定机构全部注销，清理到位；司法部已督促 28 个省（区、市）司法行政部门停止"四大类"外司法鉴定机构的登记，19 个省（区、市）对已登记的机构予以注销，下一步将下发通知进一步规范司法鉴定登记管理活动。

根据公民审查建议，对浙江省高级人民法院《关于部分罪名定罪量刑情节及数额标准的意见》中有关非医学需要鉴定胎儿性别一定条件下构成非法行医罪的规定，以及浙江省人民检察院、浙江省高级人民法院、浙江省公安厅联合发布的《关于非医学需要鉴定胎儿性别行为适用法律的若干意见》进行研究，认为上述意见有关内容是对刑法具体应用问题所作的解释，违背了《全国人大常委会关于加强法律解释工作的决议》及立法法关于审判工作中具体应用法律问题的解释应当由最高人民法院作出、其他审判机关不得作出具体应用法律问题的解释的规定，属于应当清理的带有司法解释性质的文件。我们督促最高人民法院、最高人民检察院、浙江省人大常委会及时予以纠正。根据反馈情况，相关规定已经停止执行。

四、通过备案审查衔接联动机制开展相关工作

法制工作委员会积极参与、建立并完善与中央办公厅、司法部、中央军委办公厅之间的备案审查衔接联动机制，在移交审查建议、共商研究意见、共享工作信息、共同培训研讨、协调解决问题等方面逐步建立起常态化工作机制。2018 年向有关方面转送审查建议 14

件。同时，积极探索建立与最高人民法院、最高人民检察院、地方人大常委会之间的备案审查工作联系机制，充分有效运用备案审查衔接联动机制，通过座谈会、共同调研等方式推动纠正存在问题的规范性文件。督促有关方面加强对规章、行政规范性文件以及地方"两院"规范性文件进行监督，确保实现规范性文件备案审查全覆盖。

2018 年 8 月，司法部将备案审查工作中发现的存在问题的 43 件地方性法规一揽子转送法制工作委员会研究处理。经初步研究，其中 15 件存在与法律或行政法规不一致、缺乏上位法依据增设行政审批事项等问题，其他 28 件存在与国家有关政策要求不一致等问题，下一步深入研究后，将通过适当形式督促有关地方予以纠正。

我们还大力加强全国统一的备案审查信息平台建设和国家法律法规数据库建设，推动地方人大加快信息平台建设并与全国人大实现互联互通，推动地方建立人大常委会听取和审议备案审查专项工作报告制度，建立备案审查工作信息公开机制，加强有关宣传工作，开展有关理论研讨等。

五、2019 年工作考虑和安排

持续加强备案审查工作。按照"有件必备、有备必审、有错必纠"的要求，进一步加强备案审查工作，保证党中央令行禁止，保障宪法法律实施。贯彻落实党的十九大和十九届二中、三中全会精神，开展合宪性审查工作，确保法规、司法解释与宪法规定、宪法精神相符合。继续认真做好对法规、司法解释的审查、研究、处理、反馈工作。加大对地方性法规主动审查工作力度，重点审查生态环境保护等领域法规。认真研究处理公民、组织对法规、司法解释提出的审查建议，积极回应社会关切。

推动实现备案审查工作制度化、信息化、智能化。出台并实施备案审查工作规定，提高备案审查工作制度化、规范化水平，为地方人大备案审查工作提供指导。落实备案审查衔接联动机制，完善备案审查工作情况报告制度，更好发挥备案审查制度功效，捍卫社会主义法治尊严。尽快建成全国统一的备案审查信息平台和国家法律法规数据库，实现互联互通。巩固完善全国人大备案审查信息平台的电子备案、在线审查等功能，拓展信息平台的数据收集和立法服务功能，提升备案审查工作效率和水平。

继续做好生态环保法规清理等重要工作。强化跟踪监督，通过调研和督促督办、函询通报等多种形式，继续做好生态环境保护规范性文件清理工作，确保地方及时完成有关地方性法规的制定、修改工作。认真总结清理工作经验，全面梳理清理工作中发现的问题，有针对性采取措施推动解决。

加强备案审查理论研究和宣传工作。有计划、有重点、有步骤地组织开展备案审查理论研究，为完善备案审查制度、推进备案审查实践提供理论支撑。密切关注规范性文件制定和实施中的普遍性、倾向性问题，组织开展专题研究。加大备案审查工作宣传力度，讲好"备案审查故事"，增强社会对备案审查工作的了解和支持，共同维护社会主义法治统一和权威。

全国人民代表大会常务委员会法制工作委员会关于 2019 年备案审查工作情况的报告

——2019 年 12 月 25 日在第十三届全国人民代表大会常务委员会第十五次会议上

全国人大常委会法制工作委员会主任　沈春耀

全国人民代表大会常务委员会：

现将 2019 年开展备案审查工作的情况报告如下，请予审议。

对行政法规、地方性法规、司法解释开展备案审查，是宪法和法律赋予全国人大常委会的一项重要职权。根据宪法、法律和有关规定，我国目前已经形成由党委、人大、政府、军队等各系统分工负责、相互衔接的各类规范性文件备案审查制度机制。基本框架是：全国人大常委会对行政法规、监察法规、地方性法规、司法解释进行备案审查；国务院对地方性法规、部门规章、地方政府规章进行备案审查；地方人大常委会对本级及下级地方政府规章，下一级地方人大及其常委会决议决定，本级地方政府规范性文件进行备案审查；党中央和地方党委对党内法规和其他规范性文件进行备案审查；中央军事委员会对军事规章和其他军事规范性文件进行备案审查。接受备案的各机关对报送备案的相关规范性文件进行审查，对与宪法、法律和上位法规定相抵触的有关规范性文件有权予以撤销、纠正。

从全国人大常委会备案审查工作情况看，过去一年，国务院、最高人民法院、最高人民检察院和有地方立法权的地方人大及其常委会深入学习贯彻习近平新时代中国特色社会主义思想特别是习近平总书记全面依法治国新理念新思想新战略，紧紧围绕党和国家工作大局，通过制定、修改和废止相关法规、司法解释等规范性文件，坚持和完善相关领域国家制度和国家治理体系，在法治轨道上推进各项工作，为确保党中央决策部署贯彻落实、保障宪法法律有效实施、促进经济社会持续健康发展、保持社会和谐稳定作出了积极努力和重要贡献。各类法规和司法解释总体上是符合实际需要的，是符合宪法法律的。

一、报送备案的有关情况

过去一年来，国务院、最高人民法院、最高人民检察院以及有地方立法权的地方人大及其常委会，依照宪法法律规定的权限和程序开展法规和司法解释制定工作，按照规定报送全国人大常委会备案的行政法规、地方性法规、司法解释共1485件，其中行政法规53件，省、自治区、直辖市地方性法规516件，设区的市、自治州、不设区的地级市地方性法规718件，自治条例和单行条例99件，经济特区法规58件，司法解释41件。

各报送备案的机关按照"有件必备"的要求，基本做到了报送及时、材料齐全、格式规范，通过报送备案自觉接受全国人大常委会监督，报备工作实现了制度化、常态化。同时，也存在一些问题，需要不断完善和改进。例如，有的地方人大常委会通过的决议决定中规定了公民法人的权利义务或者有关机关的职权职责，设定了法律责任，属于具有法规性质的规范性文件，但并没有报送备案。去年以来，法制工作委员会着力推动地方人大常委会将地方政府规章和地方人民法院、人民检察院制定的涉及审判、检察工作的规范性文件纳入备案审查范围。目前，地方政府规章基本上纳入地方人大常委会备案审查范围，有14个省（区、市）将地方有关司法规范性文件纳入备案审查范围，有2个省纳入依申请审查范围。

我们还加强备案审查信息化建设，在实现电子报备的基础上，推进同国务院电子报备系统的连通，实现统一报备，通过全国人大备案审查信息平台将报备的地方性法规同时推送到国务院电子报备系统，促进报备工作便捷化、规范化。

二、开展审查的有关情况

根据有关法律规定，总结实践经验，备案审查方式主要有：依职权审查，即审查机关主动进行审查；依申请审查，即审查机关根据有关国家机关或者公民、组织提出的审查建议进行审查；专项审查，即审查机关对特定领域规范性文件进行集中清理和审查。过去一年来，我们对公民、组织提出的 138 件审查建议进行了审查研究，提出了处理意见并向建议人作了反馈。并将 88 件不属于全国人大常委会审查范围的审查建议分别移送有关机关，其中，移送中央办公厅法规局 5 件，移送中央军委办公厅法制局 1 件，移送司法部 40 件，移送最高人民法院 12 件，移送最高人民检察院 5 件，移送省级人大常委会 6 件，同时移送司法部和省级人大常委会 19 件。

（一）督促制定机关纠正与宪法法律规定有抵触、不符合的规范性文件

有的地方性法规规定，公安机关交通管理部门调查交通事故时可以查阅、复制当事人通讯记录。经审查认为，该规定不符合保护公民通信自由和通信秘密的原则和精神；对公民通信自由和通信秘密保护的例外只能是在特定情形下由法律作出规定，有关地方性法规所作的规定已超越立法权限。经向制定机关指出后，有关规定

已经修改。

有的地方性法规规定，人大常委会闭会期间可以由主任会议许可对人大代表进行逮捕。经审查认为，该规定与代表法关于县级以上人大代表在本级人大闭会期间非经本级人大常委会许可不受逮捕的规定，存在抵触情形。经向制定机关指出后，有关规定已经修改或者停止执行。

有的地方性法规规定，对有违法记录的机动车实行累积记分办法。经审查认为，该规定与道路交通安全法关于对机动车驾驶人违法行为实行累积记分的规定不符合，扩大了现行规定的适用范围。经沟通，制定机关已将修改相关法规列入立法工作计划。

有的地方性法规规定，临时占用草原的，应当向草原监督管理机构缴纳草原植被恢复费。经审查认为，该规定与草原法关于临时占用草原期满必须恢复草原植被，逾期不予恢复，由草原行政主管部门代为恢复，所需费用由违法者承担的规定，存在抵触情形。经沟通，制定机关同意作出修改。

关于适用公司法的司法解释规定了股东、董事的清算责任，法制工作委员会在2018年备案审查工作情况报告中报告了对这一规定的审查情况。2019年11月，制定机关通过适当方式对公司债务案件审理中"怠于履行清算义务的认定"和"因果关系抗辩"作了明确，解决了不适当扩大股东清算责任的问题。

（二）督促制定机关根据上位法变化对法规及时修改完善

有的地方性法规关于对饮酒、醉酒驾驶机动车予以处罚的种类和幅度的规定，未根据2011年修改后的道路交通安全法进行修改。有的地方性法规关于机动车环保检测机构出具虚假检验报告行为进行处罚的规定，未根据2015年修改后的大气污染防治法进行修改。有的地方性法规关于审批部门不得批准建设未依法进行环境影响评价的建设项目的规定，未根据修改后的环境影响评价法进行修改。这些未及时跟进的情况经指出后，有关规定已经修改，或者已列入修改计划。

（三）推动对不适应现实情况的规定作出废止或调整

我们去年对全国政协委员提出的关于对收容教育制度进行合宪性审查的提案进行了研究，在年度备案审查工作情况报告中提出了适时废止收容教育制度的建议。在今年十三届全国人大二次会议期间，有30名全国人大代表联名提出了关于废止收容教育制度的议案。结合议案办理，我们继续推动废止有关法律规定的工作，并就工作进展情况与领衔代表进行当面沟通。2019年11月27日，国务院已经向全国人大常委会提出《国务院关于提请废止收容教育制度的议案》。该议案已列入本次常委会会议议程。

《城市供水条例》规定，城市供水行政主管部门或者其授权的单位可以对未按规定缴纳水费的行为处以罚款。经审查认为，该行政法规制定时间（1994年）较早，有关规定与目前城市供水管理体制已不相适应，应当作出必要调整。经沟通，司法部已决定向国务院提出修改《城市供水条例》的建议，有关问题将在下步工作中予以解决。

有的地方性法规规定，对违反计划生育政策多生育子女的国家工作人员一律给予开除处分，还有其他一些严格控制措施和处罚处分处理规定。经审查认为，我国人口发展已呈现出重大转折性变化，这类规定虽目前有上位法的一定依据，但总的看已经不适应、不符合党和国家关于改革完善计划生育服务管理的精神，应予适时调整。建议有关方面研究启动修改完善工作。

（四）允许和鼓励制定机关根据实践需要和法治原则进行立法探索

《上海市食品安全条例》对从事家畜产品规模化销售设定了行政许可，对未按规定处理变质或者超过保质期的食品及食品添加剂的行为设定了行政处罚，对从事食品和食用农产品贮存、运输服务的经营者未按规定备案的行为设定了行政处罚。经审查认为，针对从事家畜产品规模化销售设定行政许可，不违背食品安全法的立法精神和原则；针对上述两种行为设定行政处罚，属于地方适应新情况新需要作出的带有创制性的规定，应当允许探索。

《深圳经济特区食品安全监督条例》规定，有关部门受理关于食品安全问题的投诉举报时，发现投诉人超出合理消费或者以索取赔偿、奖励作为主要收入来源的，可以终止调查并将相关线索纳入食品安全风险监测范围。经审查认为，该规定属于在不违背上位法基本原则的前提下，根据具体情况和实际需要作出的规定，属于经济特区法规的权限范围，应当允许探索；同时，建议制定机关立足于加强食品安全监管及时总结相关规定实施情况，适时研究完善。

（五）对通过衔接联动机制移送的地方性法规进行审查研究

今年 5 月和 10 月，司法部通过备案审查衔接联动机制先后移送地方性法规 200 件，我们逐一进行了审查研究，区分不同情况提出研究处理意见。对 79 件地方根据实际情况作出的具有探索或者先行先试性质的规定，对上位法有关规定进行细化、补充、延伸的规定，符合党和国家有关精神的，允许地方进行探索；对 84 件生态环保领域法规，建议纳入正在进行的集中清理工作范围统筹研究修改完善；对未及时跟进上位法变化调整完善的，建议制定机关尽快启动修改或者废止工作；对于理解上可能存在歧义、执行中可能带来上位法有关规定不落实等问题的，提示制定机关予以关注并加强研究；对其中 4 件存在与法律有关规定相抵触问题的，已向有关制定机关提出纠正意见。

三、开展专项清理工作的有关情况

今年以来,我们根据党和国家工作大局,结合常委会监督工作部署和要求,有重点地开展规范性文件集中清理和专项审查工作。

一是持续开展生态环保领域法规、司法解释等规范性文件集中清理工作。贯彻全国人大常委会有关决议精神,我们在去年督促地方修改 514 件、废止 83 件地方性法规的基础上,今年又督促地方修改 300 件、废止 44 件。同时,推动制定机关对集中清理过程中发现的 37 件部门规章、456 件地方政府规章、2 件司法解释以及 11000 余件各类规范性文件及时修改、废止或者重新制定。持续一年多的生态环保领域规范性文件集中清理工作任务已基本完成。建议有关方面抓紧推进制度建设相关工作,及早实现生态环保领域法规等规范性文件完善发展的目标任务。

二是根据党中央有关精神组织开展食品药品安全领域地方性法规专项清理。督促地方对不符合加强食品药品安全监管要求、与党中央有关精神不符合、与上位法有关规定不符合的地方性法规及时予以修改或者废止,重点解决地方性法规与新修改的有关法律不一致、不配套的问题,以更好发挥法律体系整体功效。目前这项工作正在进行中。

四、加强备案审查制度和能力建设的有关情况

持续推动地方人大常委会健全备案审查制度,扎实

开展备案审查工作。以建立健全人大常委会听取审议备案审查工作情况报告制度机制为抓手，推动地方人大常委会备案审查延伸并覆盖本级和下级应当受人大监督的所有规范性文件。目前，31个省、自治区、直辖市已实现向人大常委会专项报告备案审查工作情况，15个省、自治区所属的85个设区的市、自治州也已报告本级备案审查工作情况。报告工作是形式，工作是报告的基础和实体。建立健全备案审查工作情况报告制度，目的就是要把"一府一委两院"所有规范公民、法人权利义务关系的规范性文件都纳入人大常委会监督工作范围。我们还通过座谈、研讨等形式，组织地方人大常委会有关工作机构开展备案审查工作经验交流和典型案例研讨交流，对备案审查工作实践中遇到的一些带普遍性、基础性的问题加强理论研究。

持续推进备案审查信息平台建设。今年3月，栗战书委员长在向十三届全国人大二次会议作的全国人大常委会工作报告中提出："建成全国统一的备案审查信息平台，推动地方人大信息平台延伸到设区的市、自治州、自治县。"通过各方面的不懈努力，目前除个别偏远地方外，地方人大备案审查信息平台已延伸到所有设区的市、自治州、自治县，有的已延伸到所有的县、市辖区、县级市。同时，我们不断完善优化备案审查工作流程，开展审查建议在线提交，努力提高备案审查工作信息化、便捷化水平。

总结实践经验，研究制定新的备案审查工作规范。将原有的《行政法规、地方性法规、自治条例和单行条例、经济特区法规备案审查工作程序》和《司法解释备案审查工作程序》合并进行修改完善，形成统一的备案审查工作制度性规范。12 月 16 日，委员长会议已经审议并原则通过《法规、司法解释备案审查工作办法》。

根据十三届全国人大常委会第十四次会议通过的《全国人民代表大会常务委员会关于国家监察委员会制定监察法规的决定》，监察法规已纳入全国人大常委会备案审查工作的范围。

五、对特别行政区本地法律进行备案审查的有关情况

香港特别行政区、澳门特别行政区将各自立法机关制定的法律向全国人大常委会备案，是香港特别行政区基本法、澳门特别行政区基本法明确规定的两个特别行政区须履行的法定责任；全国人大常委会对两个特别行政区立法机关制定的法律进行备案审查，是两部基本法赋予全国人大常委会的重要职权。这是国家按照"一国两制"方针，通过两部基本法对两个特别行政区立法机关制定法律进行监督而作出的宪制性安排。两部基本法都在第十七条第二款和第三款中作出了明确的规定：特别行政区立法机关制定的法律须报全国人大常委会备案，备案不影响该法律的生效；全国人大常委会在征询其所属的香港特别行政区基本法委员会、澳门特别行政区基本法委员会的意见后，如认为特别行政区立法机关制定的任何法律不符合基本法关于中央管理的事务及中央和特别行政区关系的条款，可将有关法律发回，但不作修改；经全国人大常委会发回的法律立即失效；该法律的失效，除特别行政区法律另有规定外，无溯及力。

多年来，全国人大常委会备案审查工作范围一直包括香港、澳门两个特别行政区立法机关制定的法律，两个特别行政区都能够做到将其立法机关制定的法律及时向全国人大常委会报送备案。法制工作委员会具体承担对两个特别行政区法律的备案审查工作职责，并建立健全征询香港、澳门两个基本法委员会意见的工作机制。香港、澳门两个基本法委员会定期或者不定期开会，评估和研究两个特别行政区本地有关法律的制定、修改等情况。十三届全国人大以来，香港特别行政区报送备案的本地法律43件，澳门特别行政区报送备案的本地法律36件。经初步审查，没有发现需要将有关法律发回的情形。

六、做好2020年备案审查工作的考虑

备案审查是维护社会主义法治统一的重要制度安排。党的十九届四中全会通过的《决定》对备案审查工作作出了重要决策部署，栗战书委员长、王晨副委员长等常委会领导同志也对备案审查工作提出了明确要求，常委会组成人员在审议年度备案审查工作情况报告中也提出了许多好的意见和建议。我们要进一步增强做好备案审查工作的思想自觉和行动自觉，认真贯彻落实党中央和常委会有关工作要求，不断提高备案审查工作水平。

一是切实贯彻"有件必备、有备必审、有错必纠"的工作总要求。进一步加强改进备案审查工作，通过备案审查保证党中央令行禁止，保障宪法法律实施，保护公民合法权利。按照法治原则，只要是规范性文件的制定机关属于人大监督对象，这些机关制定的规范性文件就都应当纳入人大备案审查范围。加强改进工作的思路是，以备案全覆盖带动审查全覆盖，以审查全覆盖实现监督全覆盖；紧紧围绕保证党中央决策部署和宪法法律规定贯彻落实开展备案审查工作，加强对涉及公民、法人权利义务的规范性文件的监督。

二是继续加强审查工作。认真做好审查、研究、处理、反馈工作，努力做到审查建议件件有处理、有结果、有回复。加强对争议问题和实际情况的调研和论证，深入分析相关领域法律制度和方针政策的具体情况，加强与制定机关的沟通，加大督促纠正工作力度。对于存在违宪违法问题的，坚决予以纠正，切实增强备案审查监督实效。

三是加强备案审查制度和能力建设。各级人大的备案审查工作都存在不少薄弱环节，不适应、不符合问题和短板还比较多，需要持续推进。

四是加强备案审查工作成果的转化利用。备案审查同做好人大立法工作、监督工作、代表工作和其他履职工作都有很多关联，同一些新领域工作，如推进合宪性审查工作、人大宣传工作等，也有不少关联。我们要把备案审查工作放到常委会工作全局中来认识和把握，积极担当作为，促进备案审查工作和人大其他工作协同发展，促进备案审查工作成果更多更好地运用到立法、监督等工作中。

五是加强对地方人大备案审查工作的联系指导。对各类规范性文件实行备案审查，是立法法、监督法的重要内容，是各级人大常委会的工作职责。我们要通过备案审查工作促进人大工作上下联动和协同，加强工作联系指导，努力增强人大工作整体实效。

全国人民代表大会常务委员会法制工作委员会关于 2020 年备案审查工作情况的报告

——2021 年 1 月 20 日在第十三届全国人民代表大会常务委员会第二十五次会议上

全国人大常委会法制工作委员会主任　沈春耀

全国人民代表大会常务委员会：

现将 2020 年开展备案审查工作的情况报告如下，请审议。

对行政法规、地方性法规、司法解释等规范性文件开展备案审查，是宪法和法律赋予全国人大常委会的一项重要职权。根据宪法和有关法律的规定，行政法规、监察法规、地方性法规、自治条例和单行条例、经济特区法规、司法解释以及香港、澳门特别行政区的法律应当报送全国人大常委会备案，全国人大常委会有权撤销、纠正与宪法法律相抵触的法规、司法解释，有权在征询其所属的特别行政区基本法委员会后，对不符合特别行政区基本法关于中央管理的事务及中央和特别行政区关系的条款的特别行政区法律予以发回，发回的法律立即失效。全国人大常委会通过加强对法规、司法解释、特别行政区法律的备案审查，保证党中央令行禁止，保障宪法法律实施，保护公民、组织合法权益，保障"一国两制"方针得到全面准确实施。

一年来，法制工作委员会在全国人大常委会领导下，与全国人大专门委员会、常委会办公厅和有关工作机构密切配合，坚持以习近平新时代中国特色社会主义思想特别是习近平法治思想为指导，贯彻党中央精神，遵循宪法和法律规定，严格执行委员长会议通过的《法规、司法解释备案审查工作办法》（以下简称《工作办法》），按照"有件必备、有备必审、有错必纠"的要求，进一步加大对报备法规、司法解释、特别行政区法律的审查工作力度，加强备案审查制度和能力建设，备案审查工作取得新进展。

一、开展备案工作的情况

一年来，全国人大常委会办公厅共收到报送备案的行政法规、地方性法规、自治条例和单行条例、经济特区法规、司法解释、特别行政区法律1310件，其中行政法规25件，省、自治区、直辖市地方性法规500件，设区的市、自治州地方性法规 563 件，自治条例和单行条例 85 件，经济特区法规 80 件，司法解释 16 件，香港特别行政区法律 20 件，澳门特别行政区法律 21 件。从报送备案的总体情况看，各报备机关能够严格依照有关法律规定，及时、规范履行报备义务，自觉接受监督。

按照《工作办法》的规定，全国人大常委会办公厅 2020 年将地方人大常委会通过的具有法规性质的决议、决定纳入备案范围，全面落实"有件必备"。对报送备案的法规、司法解释开展形式审查，对审查发现其中 51 件存在的施行日期不明确、缺少标准文本、公布日期早于批准日期、报送备案不及时、备案文件不齐全等问题，及时向有关报备机关发函，提醒报备机关予以纠正，督促报备机关规范报备行为，提高报备质量。将符合备案要求的法规、司法解释、特别行政区法律及时分送有关专门委员会、常委会工作机构审查。汇总年度接收备案情况及文件目录，印发各有关方面参考。推动最高人民法院在法院系统建立备案审查制度，对高级人民法院制定的审判业务文件开展备案审查。

二、开展主动审查和专项审查工作的情况

我们着力加强主动审查力度，对制定机关报送备案的法规、司法解释逐件开展主动审查，及时提出审查研究报告，实现"有备必审"。我们对香港、澳门特别行政区报送备案的法律开展审查，尚未发现需要发回的情形。我们根据常委会工作部署开展专项清理工作，一年来着重组织开展了五个方面的专项审查和集中清理。

2020年2月5日，在新冠肺炎疫情防控的关键时期，习近平总书记在中央全面依法治国委员会会议上作出"全面提高依法防控、依法治理能力，为疫情防控工作提供有力法治保障"的重要指示。地方人大常委会迅速贯彻落实习近平总书记指示精神，根据传染病防治法、突发事件应对法、突发公共卫生事件应急条例等法律、行政法规，结合本地区实际，作出了一些关于依法做好新冠肺炎疫情防控工作的决定，为全力做好新冠肺炎疫情防控工作提供法治保障。我们对省级人大常委会作出的26件关于加强新冠肺炎疫情防控工作的决定开展专项审查，对地方人大常委会在决定中授权政府遵循"不抵触"原则制定规章的问题进行研究，提出了"有关地方政府为应对疫情而制定规章，属于立法法规定的'因行政管理迫切需要'的情形，地方人大常委会授权政府在疫情防控期间遵循'不抵触'原则制定规章，符合立法法有关规定的精神"的研究意见，及时为地方在法治轨道上做好新冠肺炎疫情防控工作提供有力支持。

习近平总书记在2020年1月27日作出重要批示，深刻指出非法交易、滥食野生动物的突出问题及对公共卫生安全构成的重大隐患。为了贯彻落实习近平总书记重要批示精神，健全公共卫生法治保障体系，助力打赢疫情防控阻击战，我们在全国人大常委会作出《关于全面禁止非法野生动物交易、革除滥食野生动物陋习、切实保障人民群众生命健康安全的决定》后，立即开展野生动物保护领域法规、规章、司法解释及其他规范性文件专项审查和集中清理工作。根据国务院办公厅和地方人大常委会反馈的情况，清理中发现需要根据全国人大常委会决定精神修改或者废止的规范性文件共419件，其中行政法规3件，国务院规范性文件4件，部门规章和规范性文件30件，省级地方性法规69件，设区的市地方性法规9件，单行条例22件，经济特区法规1件，地方政府规章和规范性文件281件。有关方面已经修改30件、废止55件。8个省、自治区、直辖市人大常委会并及时出台相关决定，全面落实全国人大常委会决定精神。

2020年5月28日，十三届全国人民代表大会第三次会议审议通过了《中华人民共和国民法典》，自2021年1月1日起实施。习近平总书记主持十九届中央政治局第二十次集体学习时指出，有关国家机关要适应改革开放和社会主义现代化建设要求，加强同民法典相关联、相配套的法律法规制度建设，不断总结实践经验，修改完善相关法律法规和司法解释；对同民法典规定和原则不一致的国家有关规定，要抓紧清理，该修改的修改，该废止的废止。为贯彻落实习近平总书记重要指示，配合民法典的贯彻实施，我们开展了民法典涉及法规、规章、司法解释及其他规范性文件专项审查和集中清理工作。清理中发现需要修改或者废止的规范性文件共 2850 件，其中行政法规 31 件，国务院规范性文件 5 件，部门规章和规范性文件 164 件，地方性法规 543 件，地方政府规章和规范性文件 1874 件，司法解释 233 件。有关方面已经修改 257 件、废止 449 件。最高人民法院为贯彻实施民法典新制定了 7 件司法解释。

根据党中央部署，我们持续开展食品药品安全领域地方性法规专项审查和集中清理工作。各地通过清理发现需要修改或者废止的地方性法规 91 件，其中省级地方性法规 63 件，设区的市地方性法规 18 件，自治条例、单行条例 8 件，经济特区法规 2 件。有关方面已经修改 39 件、废止 18 件。

根据党中央部署，我们 2020 年与司法部共同承担加强优化营商环境涉及的法规、规章备案审查工作任务。我们加大对与营商环境有关的行政法规、地方性法规、司法解释的审查力度，对在营商环境方面存在突出问题的 12 件地方性法规向制定机关提出修改完善意见。

在专项审查和集中清理工作中，国务院办公厅、司法部、最高人民法院、最高人民检察院、地方人大常委会等有关单位精心组织、周密部署，按照清理要求开展了大量工作，确保清理任务顺利完成，较好实现了法规、司法解释与党中央决策部署一致、与法律规定衔接、与时代要求相符的目标。

三、开展依申请审查和移送审查工作的情况

一年来，我们共收到公民、组织提出的审查建议5146件，其中属于全国人大常委会审查范围的有3378件，包括针对行政法规和国务院决定的38件、针对地方性法规的3254件、针对自治条例的11件、针对司法解释的75件；不属于全国人大常委会审查范围的有1768件。没有收到有关国家机关提出的审查要求。我们对审查建议逐一进行了研究，提出处理意见，并向审查建议人作了反馈。对不属于全国人大常委会审查范围的，依照规定分别移送有权审查的机关研究处理。

2020年我们收到司法部通过备案审查衔接联动机制移送的58件地方性法规，主要涉及缩减上位法的禁止性规定以及违反行政许可法、行政处罚法、行政强制法和行政收费制度等方面的问题。我们对移送法规涉及的问题听取制定机关意见，对制定机关同意司法部意见并表示自行修改的8件法规，督促制定机关尽快完成修改工作。对制定机关反馈不同意司法部意见的法规，逐一进行审查研究，对其中19件存在问题的地方性法规，要求制定机关及时修改或者废止。

四、开展纠正处理工作的情况

一年来，我们在备案审查工作中坚持正确政治方向，认真开展合宪性、合法性和适当性审查，对存在违背宪法规定、宪法原则或者宪法精神，与党中央的重大决策部署不相符或者与国家的重大改革方向不一致，违

背上位法规定，或者明显不适当等问题的，区分不同情况分别予以纠正、作出处理。

（一）积极稳妥处理合宪性、涉宪性问题

2020年全国"两会"期间，有全国政协委员提出提案，建议对民航发展基金的征收进行合宪性审查。我们审查认为，征收民航发展基金不属于宪法第十三条第三款规定的对私有财产的征收或者征用，不存在与宪法相抵触的问题。但是，征收民航发展基金依据的是国务院文件和有关部门规章，与2014年修改后的预算法第九条第一款关于政府性基金依照法律、行政法规的规定征收的规定不符。我们已向司法部提出，如果需要继续征收民航发展基金，应当及时完善相关法律或者行政法规依据。

有的地方性法规规定，各级各类民族学校应当使用本民族语言文字或者本民族通用的语言文字进行教学；有的规定，经本地教育行政部门同意，有条件的民族学校部分课程可以用汉语言文字授课。我们审查认为，上述规定与宪法第十九条第五款关于国家推广全国通用的普通话的规定和国家通用语言文字法、教育法等有关法律的规定不一致，已要求制定机关作出修改。

最高人民法院司法解释规定，人身损害赔偿案件中，对城镇居民和农村居民分别以城镇居民人均可支配收入和农村居民人均纯收入为标准计算残疾赔偿金和死亡赔偿金。有公民对此提出合宪性审查建议，认为因计算标准不一致导致司法审判实践中出现不公平现象，与宪法有关精神不一致。我们审查认为，随着社会发展进步，国家提出城乡融合发展，城乡发展差距和居民生活水平差距将逐步缩小，城乡居民人身损害赔偿计算标准的差异也应当随之取消。2019 年 9 月，最高人民法院授权各省、自治区、直辖市高级人民法院、新疆生产建设兵团分院开展统一城乡人身损害赔偿标准试点工作。我们与最高人民法院沟通，建议在总结试点经验的基础上，适时修改完善人身损害赔偿制度，统一城乡居民人身损害赔偿标准。

（二）纠正与上位法相抵触的规定

我们审查发现，有的地方性法规对运载垃圾、渣土、灰浆等易抛洒物和液体车辆未采取覆盖或者密闭措施的行为设定的行政处罚条件、种类、幅度与大气污染防治法不一致；有的地方性法规对利用无防渗漏措施的沟渠、坑塘等输送或者存贮含有毒污染物的废水、含病原体的污水或者其他废弃物的行为设定的行政处罚种类、幅度与水污染防治法不一致；有的地方性法规对单位在饮用水水源一级保护区排放建筑垃圾、生活垃圾等行为设定的行政处罚幅度与水污染防治法不一致。已要求制定机关对上述规定作出修改，确保生态环保领域法律得到严格实施。

有的地方性法规规定，对未取得公安部门的运输许可运输烟花爆竹的，由公安部门责令改正，处两百元以上两千元以下的罚款。我们审查认为，该规定在处罚种类上减少了国务院《烟花爆竹安全管理条例》中对相同行为规定的没收非法运输的物品及违法所得，在处罚幅度上低于《烟花爆竹安全管理条例》规定的下限，已要求制定机关作出修改。

有的地方性法规规定，为保证管线安全使用需要修剪树木的，应当经城市绿化行政主管部门批准。我们审查认为，该规定对修剪树木设置了应当经城市绿化行政主管部门批准的前置审批程序，是在国务院《城市绿化条例》规定之外新设行政许可，超越了地方性法规设定行政许可的权限，已要求制定机关作出修改。

有的地方性法规规定，摩托车应当在二轮车道行驶，并对摩托车未按规定在二轮车道行驶的行为处以罚款，有公民对此提出审查建议。我们审查认为，道路交通安全法规定，道路划分为机动车道、非机动车道和人行道的，机动车、非机动车、行人实行分道通行。地方性法规以车轮的数量作为划分车道的依据，使作为机动车的摩托车与非机动车混行，与道路交通安全法的规定明显不一致，已要求制定机关作出修改。

（三）督促修改滞后于改革要求或制度调整的规定

党的十九届五中全会提出"增强生育政策包容性"，贯彻这一精神，我们要求各省、自治区、直辖市人大常委会对人口与计划生育领域相关法规、规章、规范性文件进行全面清理，对已经不适应现实情况的过于严厉的处罚处分处理规定，先停止执行，再适时作出修改。同时，建议有关方面尽快研究调整与此相关的政策和规定。

有的地方性法规将具有本地户籍规定为在本地从事出租汽车司机职业的准入条件，有全国人大代表对此提出审查建议。我们审查认为，以本地户籍作为在本地从事出租汽车司机职业准入条件的规定，不符合党中央关于"引导劳动力要素合理畅通有序流动"、"营造公平就业环境，依法纠正身份、性别等就业歧视现象，保证城乡劳动者享有平等就业权利"的改革要求，已要求制定机关作出修改。

有的地方性法规规定，邮政企业、快递企业对不能确定安全的交寄物品，应当要求用户出具相关部门安全证明，有公民对此提出审查建议。我们审查认为，对不能确定安全的物品一律要求用户出具相关部门的安全证明，不符合减少证明事项的改革精神，既给群众办事增加负担，又在实践中缺乏可操作性，已要求制定机关作出修改。

2020年4月全国人大常委会对固体废物污染环境防治法进行了修订，一些地方此前制定的关于建筑垃圾、生活垃圾处理等方面的法规尚未根据新修订的固体废物污染环境防治法作出调整。我们对制定机关予以提醒，要求制定机关尽快做好衔接，确保法律正确实施。

（四）支持制定机关开展探索创新

有的地方性法规规定，成年人驾驶电动自行车只能搭载一名十六周岁以下的未成年人，有公民对此提出审查建议。我们审查认为，国务院《中华人民共和国道路交通安全法实施条例》授权省、自治区、直辖市政府根据当地实际情况制定自行车载人的规定。行政法规虽然没有对制定电动自行车载人的规定作出明确授权，但是基于公民出行便利的需要，省级人大常委会以地方性法规形式作出探索性规定，与上位法规定的精神是一致的，应当予以支持。

有的经济特区法规对个人律师事务所设立人规定了学历要求，并规定注册会计师、注册税务师、注册造价工程师、专利代理人等其他专业人员可以成为特殊的普通合伙律师事务所的合伙人，有公民对此提出审查建议。我们审查认为，经济特区法规可以对法律、行政法规、地方性法规作变通规定，从改革探索出发作出上述规定不违反律师法的基本原则和精神。

五、推进备案审查制度和能力建设的情况

委员长会议通过的《工作办法》是全国人大常委会贯彻党中央决策部署在加强备案审查制度建设方面取得的重要成果。栗战书委员长在全国地方立法工作座谈会上对做好备案审查工作、确保地方性法规与国家法律、行政法规协调一致、有效衔接提出了明确要求。我们以贯彻执行《工作办法》为重要契机，积极推进全国人大常委会和地方人大常委会备案审查制度和能力建设，推动备案审查工作开创新局面。

我们及时将《工作办法》印发各省、自治区、直辖市和4个经济特区所在市的人大常委会，要求各地参照适用。我们组织编写出版《〈法规、司法解释备案审查工作办法〉导读》、《规范性文件备案审查案例选编》、《规范性文件备案审查理论与实务》，对《工作办法》逐条进行解读和说明，为地方人大常委会相关工作机构准确理解把握《工作办法》、做好备案审查工作提供指引。我们举办人大系统首次备案审查工作经验交流现场会暨备案审查工作培训班，围绕贯彻执行《工作办法》，对31个省、自治区、直辖市人大常委会法制和备案审查工作机构有关负责同志开展培训，指导地方全面理解、正确参照适用《工作办法》。我们推动各地参照《工作办法》健全备案审查制度和体制机制，据初步统计，有16个省、自治区、直辖市已经或正在根据《工作办法》对备案审查方面地方性法规进行修订；有20个省、自治区、直辖市已经根据《工作办法》的规定将属于人大监督对象的"一府一委两院"规范性文件全部纳入人大备案审查范围。

我们坚持并完善人大常委会听取审议备案审查工作报告制度。2017年以来，全国人大常委会连续四年听取和审议法制工作委员会所作的备案审查工作情况报告。2019年开始，我们推动地方人大常委会建立听取和审议备案审查工作情况报告制度。在 2019 年工作的基础上，我们 2020 年提出地方各级人大常委会普遍建立向常委会报告备案审查工作情况制度，逐步实现全覆盖的要求。据不完全统计，目前已有 200 多个设区的市、自治州人大常委会建立了备案审查工作情况报告制度。广东省 21 个设区的市和 140 多个县级人大常委会已经全部听取和审议备案审查工作情况报告，率先实现省、市、县全覆盖。

我们持续推进备案审查信息化建设。初步建成国家法律法规数据库（一期）并即将向社会开放使用，目前收录数据包括宪法、法律、法律解释、行政法规、地方性法规、自治条例、单行条例、经济特区法规和司法解释。我们推动地方人大常委会健全备案审查信息平台功能，加快建设地方规范性文件数据库，以信息化手段提升备案审查能力。

我们还加强备案审查理论研究，推动理论与实务相互促进，并加强对备案审查工作的宣传，及时通过媒体报道工作进展和典型案例，扩大备案审查制度的社会影响。

六、2021 年工作安排

坚持以习近平新时代中国特色社会主义思想特别是习近平法治思想为指导，深入贯彻党的十九大和十九届二中、三中、四中、五中全会精神，围绕贯彻落实十四五规划和 2035 年远景目标，以推动高质量发展为主题，全面加强备案审查工作，推动备案审查工作再上新台阶。

一是认真贯彻党中央关于推进合宪性审查的指导意见，积极稳妥推进合宪性审查工作。在备案审查工作中加强对法规、司法解释合宪性、涉宪性问题的审查研究，探索在合宪性审查中适时解释宪法，对违反宪法规定、宪法原则、宪法精神的法规、司法解释及其他规范性文件坚决予以纠正，维护宪法权威，保障宪法实施。

二是全面贯彻实施《工作办法》。按照《工作办法》规定的机制、方式、流程、标准全方位推进备案审查工作，进一步落实"有件必备、有备必审、有错必纠"，保证党中央令行禁止，保障宪法法律实施，保护公民合法权益。围绕贯彻落实党中央决策部署和全国人大常委会工作重点，适应"加快立法"的要求，进一步加强主动审查、专项审查。

三是加强备案审查制度和能力建设。探索审查研究中的听证、论证、委托第三方研究等工作机制。健全备案审查衔接联动机制，加强协同配合，提高备案审查工作整体成效。坚持向常委会报告备案审查工作。拓展备案审查信息平台功能，开展国家法律法规数据库二期建设，提升备案审查工作信息化、智能化水平。建立备案审查专家委员会，借助外力开展审查研究工作。

四是加强备案审查理论研究，推动构建以备案审查为基础的中国特色宪法监督理论体系，推动备案审查学科建设。开展备案审查案例分析研究，加大备案审查工作宣传力度，讲好宪法监督故事。

五是加强对地方人大常委会备案审查工作的指导，推动地方普遍建立人大常委会听取和审议备案审查工作情况报告制度，实现所有设区的市、自治州全覆盖，并逐步向区县延伸，以此为抓手着力解决各地工作开展不平衡等突出问题。加大培训、交流力度，提升备案审查工作整体能力水平。

六是做好对香港、澳门特别行政区法律的备案审查，确保"一国两制"方针和宪法、特别行政区基本法得到正确实施。

全国人民代表大会常务委员会法制工作委员会关于 2021 年备案审查工作情况的报告

——2021 年 12 月 21 日在第十三届全国人民代表大会常务委员会第三十二次会议上

全国人大常委会法制工作委员会主任　沈春耀

全国人民代表大会常务委员会：

现将 2021 年开展备案审查工作的情况报告如下，请审议。

一年来，法制工作委员会在全国人大常委会领导下，坚持以习近平新时代中国特色社会主义思想为指导，深入学习贯彻习近平法治思想、习近平总书记关于坚持和完善人民代表大会制度的重要思想，认真贯彻党中央决策部署和中央人大工作会议精神，努力践行全过程人民民主理念，围绕加快建设社会主义法治国家、推进国家治理体系和治理能力现代化，与全国人大有关专门委员会、常委会工作机构密切配合，扎实开展备案审查工作，"有件必备、有备必审、有错必纠"和备案审查制度建设取得新进展。

一、落实"有件必备"，全面提高报备质量

2021年，全国人大常委会办公厅共收到报送备案的行政法规、监察法规、地方性法规、自治条例和单行条例、经济特区法规、司法解释、特别行政区法律1921件。其中行政法规16件，监察法规1件，省、自治区、直辖市地方性法规779件，设区的市、自治州、不设区的地级市地方性法规688件，自治条例和单行条例87件，经济特区法规40件，司法解释251件，香港特别行政区法律42件，澳门特别行政区法律17件。从报送备案的总体情况看，各报备机关按照法律规定，自觉履行报备义务，做到了应备尽备，报备质量全面提高。

全国人大常委会办公厅在备案工作中发现23件法规、司法解释存在施行日期不明确、缺少标准文本、公布日期早于批准日期、报送备案不及时、备案文件不齐全等问题，及时发函纠正，并在一定范围内通报，督促报备机关规范报备行为，有关报备机关均进行了认真整改。常委会办公厅将符合备案要求的法规、司法解释及时分送有关专门委员会、常委会工作机构审查，并汇总年度接收备案情况及文件目录，印送各有关方面参考。

二、推进"有备必审"，认真履行审查工作职责

我们着力加强主动审查力度，对制定机关报送备案的法规、司法解释逐件开展审查，对审查中发现存在合宪性、合法性、适当性等问题的，及时与制定机关沟通，督促解决。对香港、澳门两个特别行政区报送备案的本地法律依法开展审查，尚未发现需要发回的情形。

2021年，共收到公民、组织提出的审查建议6339件，其中以书面寄送形式提出的1274件，通过在线受理审查建议平台提出的5065件。经研究，属于全国人大常委会审查范围的有5741件，包括针对行政法规和国务院决定的60件，针对地方性法规、自治条例和单行条例、经济特区法规的5596件，针对司法解释的85件。没有收到国务院、中央军委、最高人民法院、最高人民检察院和省、自治区、直辖市人大常委会提出的审查要求，收到1件国务院有关部门提出的合宪性审查建议。我们对审查建议逐一进行研究，同有关方面沟通，提出处理意见，并依照规定向审查建议人反馈。近年来的实践充分表明，认真接收、研究、处理公民、组织提出的审查建议并及时反馈，已经成为备案审查工作践行全过程人民民主的重要体现。

按照全国人大常委会工作部署，围绕贯彻党中央重大决策部署和推动保障重要法律实施，组织开展了三个方面法规、规章、规范性文件的集中清理，并有重点地开展专项审查。2020年12月26日十三届全国人大常委会第二十四次会议审议通过长江保护法。栗战书委员长在长江保护法实施座谈会上指出，要对标长江保护法，尽快对法规文件开展全面清理，确保符合上位法规定，谨防配套法规"小空子"影响长江保护"大工程"。贯彻落实委员长讲话精神，我们组织开展了涉及长江流域保护的法规、规章、规范性文件专项清理工作。清理发现需要修改或者废止的规范性文件322件，其中行政法规3件，部门规章和规范性文件14件，省级地方性法规107件，自治条例5件，单行条例15件，地方政府规章和规范性文件178件。目前有关方面已修改18件、废止41件。

2021年1月22日十三届全国人大常委会第二十五次会议审议通过新修订的行政处罚法。为保障新修订的行政处罚法贯彻实施，我们组织开展了涉及行政处罚内容的法规、规章和其他规范性文件专项清理工作。清理发现需要修改或者废止的规范性文件共4012件，其中行政法规13件，国务院规范性文件7件，部门规章和规范性文件610件，地方性法规725件，单行条例82件，经济特区法规5件，地方政府规章和规范性文件2570件。目前有关方面已修改31件、废止286件。

2021年8月20日十三届全国人大常委会第三十次会议审议通过关于修改人口与计划生育法的决定。为贯彻落实党中央关于优化生育政策促进人口长期均衡发展的决策部署，确保修改后的人口与计划生育法正确实施，我们组织开展了涉及计划生育内容的法规、规章、规范性文件专项清理工作，推动有关方面取消社会抚养费征收规定，废止计划生育相关处罚、处分规定，以及将个人生育情况与入学、入户、入职等相挂钩的有关规定。清理发现需要修改或者废止的规范性文件共 3632件，其中行政法规 3 件，国务院规范性文件 2 件，部门规章和规范性文件 43 件，地方性法规 57 件，自治条例 35 件，单行条例 11 件，地方人大及其常委会决定、决议 44 件，地方政府规章和规范性文件 3437 件。目前有关方面已修改 42 件，废止 428 件。我们还建议有关方面适时组织开展涉及计划生育内容的党内法规、规范性文件集中清理。

过去一年，接收其他备案审查工作机构移送的审查工作建议 141 件，包括司法部移送的地方性法规 136件。我们对有关问题逐一审查研究，及时提出处理意见。对不属于全国人大常委会审查范围的 598 件审查建议，及时移送相关备案审查工作机构研究处理。其中，移送中央办公厅 3 件，移送司法部 566 件，移送省级地方人大常委会 19 件，移送最高人民法院 5 件，同时移送司法部和地方人大常委会 4 件，同时移送最高人民法院和省级地方人大常委会 1 件。

总体上看，法规、司法解释等规范性文件制定机关严格依据宪法法律和党中央精神开展制定工作，为完善中国特色社会主义法律体系、深入推进全面依法治国发挥了重要作用。

三、坚持"有错必纠"，切实维护国家法治统一

一年来，我们着力增强备案审查制度刚性，就法规、司法解释等规范性文件中的合宪性、合法性、适当性等问题开展审查研究，对存在不符合宪法法律规定、明显不适当等问题的，督促制定机关予以改正。

国务院有关主管部门对有的民族自治地方民族教育条例等法规提出合宪性审查建议，认为条例中的有关规定存在合宪性问题，不利于促进民族交往交流交融。我们审查认为，宪法和有关法律已对推广普及国家通用语言文字作出明确规定，包括民族地区在内的全国各地区应当全面推行国家通用语言文字教育教学，有关法规中的相关内容应予纠正。经沟通，制定机关已废止有关法规。

有的地方性法规规定，有关行政部门为调查计划生育违法事实，可以要求当事人进行亲子鉴定；对拒不配合的，处以一万元以上五万元以下罚款。有公民对上述规定提出审查建议。我们审查认为，亲子关系涉及公民人格尊严、身份、隐私和家庭关系和谐稳定，属于公民基本权益，受宪法法律保护，地方性法规不宜规定强制性亲子鉴定的内容，也不应对此设定相应的行政处罚、处分、处理措施。经沟通，制定机关已对相关规定作出修改。

有的地方性法规规定，小区业主参选业主委员会成员的前提条件之一是必须"按时交纳物业费等相关费用"。有公民对此规定提出审查建议。我们审查认为，业主委员会是业主自治组织，其参选资格以业主身份为基础。业主未按时交纳物业管理费，属于业主违反物业服务合同的民事违约行为。地方性法规以此限制业主参选业主委员会的资格，与民法典的有关规定相抵触。经沟通，制定机关已对相关规定作出修改。

有的地方性法规规定，停车人应当按照规定缴纳道路停车费用，逾期未缴纳的，进行催缴同时并处二百元以上一千元以下罚款。有公民对有关罚款规定提出审查建议。我们审查认为，停车人逾期未缴纳停车费，行政机关催缴同时并处二百元以上罚款的规定，程序设置失当，规定的罚款额度与行政处罚法确立的过罚相当原则不符，建议制定机关遵循法治原则，从实际出发，在充分论证的基础上，调整完善罚款的额度和程序。经沟通，制定机关已对相关规定进行修改完善。

有的地方性法规规定，开锁、公章刻制、信托寄卖、金银首饰加工、废旧金属收购等特种行业从业人员利用该行业便利进行违法活动受过行政或刑事处罚的，终身不得从事该行业。有公民对此规定提出审查建议。我们审查认为，地方性法规对某些特种行业设定较为严格的从业资格条件，对维护公共安全有积极作用，但在法律、行政法规没有规定从业限制的领域，地方性法规作出相关从业限制规定时，不宜规定"终身禁止"，建议制定机关调整完善相关规定。经沟通，制定机关已对相关规定作出修改调整。

有的地方性法规对随意处置垃圾等行为规定的处罚，轻于修订后的固体废物污染环境防治法的规定；有的地方性法规对未按规定设置大气污染物排放口及其标志的行为规定的处罚，轻于修订后的大气污染防治法的规定。我们已要求有关制定机关对上述规定作出修改完善，确保生态环保领域法律得到严格实施。

此外，我们还通过备案审查工作推动有关方面完善法律法规制度，支持地方开展地方立法探索。

国务院《婚姻登记条例》规定的办理结婚登记应出具的证明材料中，不包括婚前医学检查证明。有公民对此规定提出审查建议，认为该规定与母婴保健法关于结婚登记应当持有婚前医学检查证明的规定不一致。我们审查认为，自 2003 年 10 月《婚姻登记条例》实施以来，婚前医学检查事实上已成为公民的自愿行为；2021 年 1 月实施的民法典规定了婚前重人疾病的告知义务，将一方隐瞒重大疾病作为另一方可以请求撤销婚姻的情形予以规定，没有再将"患有医学上认为不应当结婚的疾病"规定为禁止结婚的情形。我们与国务院有关部门沟通，推动根据民法典精神适时统筹修改完善有关法律法规制度。

有的地方性法规规定，驾驶无号牌的非机动车上道

105

路行驶，专用号牌电动自行车未按规定进行安全技术检查，驾驶禁止通行的非机动车上道路行驶，或者未按规定使用悬挂专用号牌的电动自行车的，由公安机关处五十元以上二百元以下罚款。有公民对上述规定提出审查建议，认为处罚幅度明显超出道路交通安全法有关规定。我们审查认为，道路交通安全法自2003年实施以来，随着社会的发展，出现了许多新的非机动车种类，数量多、速度快、安全性差，事故发生率、伤亡率高，社会危害性明显增加。地方人大基于道路交通安全管理的实际需要，通过制定法规对非机动车上路行驶的新情况新问题作出具体回应，既符合法律的原则和精神，又一定程度补足了法律规定的滞后。为发挥地方立法实施性、补充性、试验性作用，应当允许地方在合理范围内先行探索，逐步形成行之有效的经验，既解决实践急需，又为下一步修改完善国家法律提供实践依据。

四、加强备案审查制度建设，努力提升能力水平

一年来，围绕打基础、管长远这一目标，着力强化备案审查制度和能力建设，扎实推进备案审查工作往深里走、往实里走，进一步夯实备案审查稳步发展的制度、理论和工作基础。

一是健全备案审查衔接联动机制。为贯彻落实党中央关于建立健全备案审查衔接联动机制的要求，积极加强与党中央、国务院、中央军委及省级地方人大常委会等单位备案审查工作机构之间的沟通协作，通过移送审查、征求意见、规范报备内容、协调审查标准、开展业务交流等方式，逐步探索并初步形成了一套协同各方、便于操作的备案审查衔接联动工作机制。我们将有关做法制度化、规范化，制定了法制工作委员会关于建立健全备案审查衔接联动机制的若干规定，为顺畅有效开展备案审查衔接联动工作提供制度保障。

二是细化备案审查工作流程。适应备案审查工作新形势新任务新要求，全面落实委员长会议通过的《法规、司法解释备案审查工作办法》，梳理总结近年来备案审查工作的实践做法，对法制工作委员会法规、司法解释备案审查工作规程（试行）作了全面修订，对备案审查工作各环节作了详细明确的规定，促进备案审查工作规范化。

三是借助外脑提升工作质量。成立备案审查专家委员会，为法工委开展备案审查制度建设、理论研究、重要审查工作等提供专家咨询意见。委托有关高校就地方优化营商环境条例、特种行业从业限制规定、备案审查标准的理解和把握等内容开展专题研究，积极发挥研究机构的优势。

四是参与建设国家法律法规数据库。备案审查信息平台建成后，与常委会办公厅有关方面共同协作，初步建成国家法律法规数据库，全面收录现行有效各类法律性、规范性文件，为社会公众提供看得见、找得着、用得上的法律产品，回应新时代人民群众的法治需求。

五是加强备案审查理论研究和宣传工作。积极加强备案审查重大理论问题研究，围绕审查标准体系等内容召开研讨会，推动研究机构和高校等出版备案审查专门刊物和学术丛书，推动有关高校开设备案审查专门课程。加强备案审查宣传工作，介绍备案审查工作重要进展情况，在微信平台创建"备审动态"公众号，发布备案审查工作动态、典型事例和理论研究成果，积极讲好备案审查故事。

五、加强对地方人大联系指导，增强备案审查工作整体实效

一年来，贯彻落实党中央关于加强地方人大备案审查工作、增强备案审查工作整体实效的要求，进一步加强了对地方人大备案审查工作的联系指导。

一是持续推动地方人大实现备案审查全覆盖。目前，地方"一府一委两院"制定的规范性文件已基本纳入同级地方人大常委会备案范围，接受人大监督。不少地方通过建立通报制度、纳入政府法治考核体系等多种形式规范制定机关报送备案的行为，对迟报、漏报、报备不规范等问题及时通报、予以纠正。

二是持续推动地方人大建立听取和审议备案审查工作情况报告制度。截至目前，31 个省、自治区、直辖市人大常委会和 318 个设区的市、自治州人大常委会已建立听取和审议备案审查工作情况报告制度，部分县级人大常委会也听取审议了备案审查工作情况报告。

三是组织开展"立法放水"问题研究。落实党中央和全国人大常委会要求，通过开展专题调研、组织地方人大同志进行专题研讨等方式，对这一问题的成因、对策等进行深入探讨，为防止地方立法出现类似问题提供理论参考和实践指引。

四是持续推动地方人大加强备案审查信息化建设。推动省级人大常委会在完善备案审查信息平台基础上开展法规规章规范性文件数据库建设，选择浙江、广东、重庆、宁夏四个省（区、市）人大常委会开展试点，为其他省级地方探索经验、提供示范。目前，试点地区的数据库建设工作进展顺利，试点地区以外的部分省份也启动了数据库建设工作。

五是组织开展备案审查典型事例交流。收集整理2019年9月以来各地省、市、县三级人大常委会纠正处理的典型事例158件，其中省级53件，市级76件，县级29件，印发地方人大交流，并送中央办公厅、司法部等单位备案审查工作机构参考。

六、2022年工作初步安排

2022年，我们将全面贯彻党的十九大和十九届历次全会精神，坚持以习近平新时代中国特色社会主义思想特别是习近平法治思想为指导，全面贯彻中央人大工作会议精神，认真落实全国人大常委会关于备案审查工作的要求，努力通过备案审查工作更好发挥人民代表大会制度优势，践行全过程人民民主理念，加强宪法实施监督，丰富和拓展人大备案审查工作的实践特色、时代特色。围绕提高备案审查工作质量，着重做好以下几方面工作。

一是深入推进备案审查工作，积极稳妥处理合宪性、涉宪性问题，坚决纠正同宪法、法律规定相抵触的规范性文件，必要时依法启动全国人大常委会撤销纠正程序。加强对法规、司法解释的主动审查工作。围绕贯彻落实党中央重大决策部署和保障重要法律实施，进一步加强对法规、司法解释和其他规范性文件的集中清理和专项审查。

二是进一步畅通人民利益表达渠道，保障人民群众依法行使立法监督权，健全完善人民群众与最高国家权力机关直接联系的平台与载体，认真做好公民、组织提出的审查建议的研究、处理和反馈工作。重点审查人民群众集中反映的、影响老百姓切身利益、直接涉及公民权利义务的法规、司法解释等规范性文件。

三是不断提高备案审查工作质量，进一步完善备案审查的机制、方式、程序和标准，增强备案审查制度刚性，加强衔接联动和沟通协作，提升备案审查工作整体实效。

四是进一步加强对地方人大的联系指导。通过培训和事例交流等形式帮助地方人大提升审查能力水平。推动县级人大常委会全面开展听取审议备案审查工作情况报告，健全各级人大常委会听取审议工作报告制度。加快完善全国统一的备案审查信息平台，推动全面建成省级法规规章规范性文件数据库，并与国家法律法规数据库实现对接。适时发布体现地方立法共性问题、具有指导意义的典型事例，探索开展备案审查案例指导工作。

有的地方对省、市两级人大常委会作出的决议、决定是否需要报送备案理解、把握不一。我们经研究认为，凡涉及公民、组织权利义务或者国家机关职权职责并设有法律责任内容的决议、决定，都属于法规性质文件、规范性文件，应当纳入报送备案的范围。

五是进一步加强备案审查理论研究，加快构建中国特色社会主义宪法监督制度理论体系，发挥备案审查专家委员会作用，加大备案审查工作宣传力度，讲好践行全过程人民民主的备案审查故事。

六是加强对香港、澳门两个特别行政区本地法律的备案审查，维护宪法和基本法确定的特别行政区宪制秩序和法治秩序，全面准确、坚定不移贯彻"一国两制"方针，确保宪法、基本法得到正确实施。

全国人民代表大会常务委员会法制工作委员会关于十三届全国人大以来暨2022年备案审查工作情况的报告

——2022年12月28日在第十三届全国人民代表大会常务委员会第三十八次会议上

全国人大常委会法制工作委员会主任　沈春耀

全国人民代表大会常务委员会：

现将十三届全国人大以来暨2022年备案审查工作情况报告如下，请审议。

对行政法规、监察法规、地方性法规、自治条例和单行条例、经济特区法规、司法解释、特别行政区本地法律等规范性文件开展备案审查，是宪法法律赋予全国人大常委会的一项重要职权，是全国人大常委会履行宪法法律监督职责的一项重要工作。我国宪法和立法法、监督法、地方组织法等法律都有关于备案审查方面的规定。党的十八大以来，以习近平同志为核心的党中央从推进全面依法治国、加强宪法法律实施和监督的战略高度，就加强备案审查工作作出一系列决策部署，党的十八届三中全会和四中全会、十九届二中全会、中央全面依法治国工作会议、中央人大工作会议和党中央有关文件都提出了明确的任务要求。十三届全国人大以来，每年常委会的工作报告、工作要点和有关工作计划都对备案审查工作作出部署、提出要求，常委会领导就做好备案审查工作多次作出指示批示，常委会会议每年都听取和审议法制工作委员会关于备案审查工作情况的报告。经过持续努力和有力推动，备案审查工作全面开展、扎实推进，逐步实现显性化、制度化、常态化，不断取得新进展新成效。围绕贯彻"有件必备、有备必审、有错必纠"的总要求，扩大备案范围，加大审查力度，丰富审查方式，增强纠错刚性，工作质量不断提升，建立健全备案审查工作衔接联动机制，加强对宪法法律实施情况的监督，依法纠正违反宪法法律、违背党中央精神或者不合时宜的规定。备案审查制度机制在保证党中央令行禁止、维护国家法治统一尊严权威、保护公民法人合法权利、发展全过程人民民主、促进社会公平正义、提升国家治理效能等方面的作用日益彰显。

一、十三届全国人大常委会备案审查工作取得新进展新成效

（一）实现"有件必备"。五年来，全国人大常委会接收报送备案的行政法规、监察法规、地方性法规、自治条例和单行条例、经济特区法规、司法解释以及香港、澳门两个特别行政区本地法律共7261件，其中，行政法规157件，监察法规1件，省级地方性法规2935件，设区的市级地方性法规2977件，自治条例和单行条例372件，经济特区法规242件，司法解释346件，香港、澳门特别行政区法律231件。全国人大常委会通过有关法律和决定，及时将国家监察委员会制定的监察法规和新类型地方性法规（即海南自由贸易港法规、浦东新区法规）纳入备案审查的范围。实行电子报备，规范报备方式，统一报备要求，提高报备效率。备案是审查的前提。总的看，规范性文件制定机关能够依法、及时将制定的规范性文件向全国人大常委会报送备案，自觉接受人大监督，"有件必备"的目标要求已经实现。

关于向人大常委会报送备案的规范性文件范围，法工委经研究认为，除了法律已有明确规定的以外，只要规范性文件的制定机关属于人大监督对象，其制定的规范性文件都应当纳入人大常委会备案审查范围；也就是说，"规范性文件在哪里，备案审查就跟到哪里"。近年来，我们推动地方人大常委会将本级"一府一委两院"

制定的规范性文件纳入本级人大常委会备案审查范围；支持最高人民法院建立司法规范性文件备案审查制度机制。

（二）积极推进"有备必审"。根据有关法律的规定，国务院、中央军事委员会、最高人民法院、最高人民检察院和省、自治区、直辖市的人大常委会认为有关法规、司法解释等规范性文件同宪法或者法律相抵触的，可以向全国人大常委会书面提出进行审查的要求，由常委会工作机构送有关专门委员会进行审查、提出意见；有关国家机关和社会团体、企业事业组织以及公民认为有关法规、司法解释等规范性文件同宪法或者法律相抵触的，可以向全国人大常委会书面提出审查建议，由常委会工作机构进行研究，必要时送有关专门委员会进行审查、提出意见；有关专门委员会和常委会工作机构可以对报送备案的规范性文件进行主动审查。

五年来，在全国人大常委会领导下，法工委加大审查工作力度，努力实现"有备必审"。按照有关法律规定和常委会备案审查工作制度要求，依法对报送备案的各类法规、司法解释、特别行政区本地法律开展主动审查。除个别情形外，没有收到过国家机关提出的审查要求。公民、组织提出审查建议 17769 件，其中 2018 年 1229 件，2019 年 226 件，2020 年 5146 件，2021 年 6339 件，2022 年 4829 件，我们都认真研究处理。围绕贯彻落实党中央重大决策部署和重要法律实施，对生态环境保护、民法典、长江保护法、人口与计划生育法、行政处罚法、食品药品安全等 20 多个领域的规范性文件，组织有关方面和地方人大开展集中清理工作和专项审查工作。对其他备案审查工作机构通过衔接联动机制移送的 500 多件法规、司法解释认真进行审查研究，提出处理意见。将不属于全国人大常委会审查范围的 2500 多件审查建议，根据不同情况，分送中央办公厅、司法部、最高人民法院、最高人民检察院和省级人大常委会研究处理。总的看，对各类规范性文件，基本实现"有备必审"、"应审尽审"，做到备案审查监督全覆盖。

根据审查工作情况，总的看，国务院、国家监察委员会、最高人民法院、最高人民检察院和有立法权的地方人大及其常委会，适应全面依法治国新形势新要求，依照法定权限和程序认真开展行政法规、监察法规、地方性法规、司法解释立改废释工作和报送备案工作，自觉坚持与宪法法律等上位法规定保持一致，不断提高规范性文件质量和水平，在贯彻党和国家大政方针、有效实施宪法法律、推动相关领域工作、有针对性解决问题等方面发挥了重要作用。

香港、澳门两个特别行政区将各自立法机关制定的本地法律向全国人大常委会备案，是香港、澳门两个特别行政区基本法明确规定两个特别行政区须履行的法定职责。多年来，全国人大常委会开展备案审查工作的范围，一直包括香港、澳门两个特别行政区立法机关制定的本地法律。五年来，香港特别行政区报送备案的本地法律127件，澳门特别行政区报送备案的本地法律104件。经初步审查，没有发现两个基本法规定的需要将报备的有关法律发回的情形。

（三）按照"有错必纠"原则督促推动制定机关纠错改正。法工委承担备案审查具体工作。我们依法履职尽责，认真开展规范性文件备案审查工作。不论是在依申请审查中，还是在主动审查、集中清理和专项审查中，都发现有些规范性文件或者其中有的规定存在与上位法规定相抵触、不一致或者明显不适当、不合理等问题。对存在需要纠正改正问题的有关规定，我们及时提出审查研究意见，督促和推动有关制定机关进行修改完善或者适时废止。

综合分析产生问题的原因，主要有以下几种情形：有的是制定机关对上位法有关规定、对党中央有关精神理解不透、把握不准，在贯彻落实过程中出现一定偏差；有的是规范性文件制定时间较早，上位法已经进行了修改或者作出了新的规定，实际情况已经发生很大的变化了，而原有规定未能及时清理，没有及时进行修改完善、实现与时俱进；有的是有关规定现在实际上已经不再执行，但是没有及时对有关规范性文件予以废止或者作出修改；有的是涉及的问题较为复杂，一直有不同理解和认识，都有一定道理，尚难作出合法性、合理性判断；也有的是个别制定机关政治意识不强、法治观念淡薄，在制定和执行有关规范性文件过程中打"擦边球"，甚至有意"放水"。

我们坚持问题导向，对审查发现的问题进行认真研究，通过沟通协商、提出书面审查意见、发函、约谈督促等方式，督促推动制定机关纠正改正；需要全国人大常委会作出相关决定的，依法按程序办理。五年来，累计督促推动制定机关修改完善或者废止各类规范性文件约 2.5 万件。

（四）加强备案审查制度建设。备案审查制度体系不断健全。常委会会议每年听取审议法工委关于备案审查工作情况的报告，并逐步实现常态化、制度化。推动地方各级人大常委会建立听取审议备案审查工作情况报告的制度；修改地方组织法，将听取和审议备案审查工作情况报告列为地方各级人大常委会的一项法定职权。全国人大常委会目前正在审议立法法修正草案，其中包括完善备案审查制度和工作方面的重要内容。委员长会议通过《法规、司法解释备案审查工作办法》，对宪法和有关法律关于备案审查的规定作出进一步细化。法工委不断总结实践经验，制定有关备案审查工作的规范性文件，规范备案审查工作流程；同时，推动有关地方人大常委会制定或者修改备案审查法规，建立健全地方人大常委会备案审查工作制度机制。

（五）加强备案审查能力建设。法工委积极适应"有件必备、有备必审、有错必纠"的要求，着力提高自身综合素质和能力，扎实拓展和深化备案审查工作。建成全国统一的备案审查信息平台，初步建成国家法律法规数据库，推动建设省级法规规章规范性文件数据库，为实现应备尽备提供支撑。丰富审查方式，完善审查标准，细化工作流程。畅通相互间转送接续的机制渠道。加强对地方人大备案审查工作的联系指导，举办培训班，开展工作案例交流，探索建立案例指导制度。加强备案审查工作机构之间的协同联动。成立备案审查专家委员会，开展备案审查理论研究，通过多种方式和途径加强备案审查宣传工作。

二、在备案审查工作中加强合宪性问题审查研究，切实维护国家法治统一

推进合宪性审查工作是党的十九大和十九届二中、四中全会提出的明确要求，是新形势下加强宪法法律实施和监督的重要举措。习近平总书记在党的十九届二中全会上的重要讲话中指出："全国人大常委会的备案审查工作，当然就包括审查有关规范性文件是否存在不符合宪法规定、不符合宪法精神的内容，要加强和改进这方面的工作。"这就为加强备案审查工作指明重点方向、提出了更高要求。

加强对合宪性、涉宪性问题审查研究。我们在备案审查工作中自觉增强宪法意识，推进合宪性审查工作，督促和推动制定机关纠正改正有关规定，及时启动有关程序废止不合时宜的法律规定和相关制度，弘扬宪法精

神，维护宪法权威和国家法治统一。举若干工作实例如下。

——2018年3月，有全国政协委员提出提案，建议对收容教育制度进行合宪性审查。法工委经认真研究提出，收容教育制度是1991年根据全国人大常委会有关决定和国务院有关行政法规实行的、对有关人员进行必要约束和管控的一项制度措施，制定程序和内容是有宪法法律依据的；执行20多年后再来审视，情况已经发生了很大变化；经调研沟通，有关方面逐步形成共识，继续执行有关制度措施已不合时宜；为深入贯彻全面依法治国精神，法工委建议有关方面适时提出议案，废止有关收容教育法律规定和相关制度。2019年12月，十三届全国人大常委会第十五次会议审议了国务院提出的有关议案，作出了《全国人民代表大会常务委员会关于废止有关收容教育法律规定和制度的决定》。

——有的司法解释规定，人身损害赔偿案件中，对城镇居民和农村居民分别以不同标准计算残疾赔偿金和死亡赔偿金。2020年有公民提出审查建议，认为计算标准不同会导致案件审理出现不公平现象，与宪法有关精神不一致。我们认真进行审查研究，认为随着经济社会发展和城乡融合发展，有关计算标准的差异应当逐步改变和取消；建议制定机关在总结试点经验基础上适时修改完善有关司法解释，统一城乡居民人身损害赔偿标准。有关司法解释经修改后自2022年5月1日起实施，残疾赔偿金、死亡赔偿金以及被扶养人生活费统一采用城镇居民标准计算。

——2021年，国务院有关主管部门对有的民族自治地方民族教育条例等法规提出合宪性审查建议，认为条例中的有关规定存在合宪性问题，不利于促进民族交往交流交融。我们经审查研究认为，宪法和国家通用语言文字法已经对推广普及国家通用语言文字作出了明确规定，2015年全国人大常委会对教育法有关规定作出重要修改，包括民族地区在内的全国各地区应当全面推行国家通用语言文字教育教学，有关地方性法规中的相关内容应予纠正。经与有关方面沟通，制定机关已经废止有关法规。

——有的地方性法规规定，有关行政部门为调查计划生育违法事实，可以要求当事人进行亲子鉴定；对拒不配合的，处以1万元以上5万元以下罚款。2021年，有公民对上述规定提出审查建议。我们经审查认为，亲子关系涉及公民人格尊严、身份、隐私和家庭关系和谐稳定，属于公民基本权益，受宪法法律保护，地方性法规不宜规定强制性亲子鉴定的内容，也不应对此设定相应的行政处罚、处分、处理措施。经沟通，制定机关已对相关规定作出修改。

加强对有争议问题的研究。例如，有司法解释规定，上级人民检察院可以依法统一调用辖区内的检察人员办理案件，经上级人民检察院作出调用决定，被调用的检察官可以代表办理案件的人民检察院履行出庭支持公诉等各项检察职责。有公民对此规定提出审查建议。对被调用的检察人员代表所调用的人民检察院履行出庭支持公诉等各项检察职责是否需要经本级人大常委会作出相关任职决定，实践中存在不同认识和做法，涉及对人民检察院组织法有关规定的理解。我们经研究认为，宪法和有关组织法等法律共同构成检察权行使的法律依据，根据人民检察院组织法有关规定，上级人民检察院可以调用辖区的检察人员办理案件；被调用的检察人员代表办理案件的人民检察院履行出庭支持公诉等各项检察职责的，须经本级人大常委会作出相关任职决定。我们已向有关制定机关提出了研究意见，建议予以考虑。

加强与有关机关协同联动。例如，有的省级法院、检察院、公安厅就办理袭警罪案件联合发文。我们经审查研究认为，该联合发文涉及犯罪构成具体内容，扩大了法定袭警罪、妨害公务罪的惩治范围，超出了刑法规定范围；立法法是重要宪法性法律，有关联合发文不符合立法法关于"两高"以外的审判机关、检察机关不得作出具体应用法律的解释的规定，超出了制定机关权限。我们通过衔接联动机制与有关方面沟通，多方面协同行动、督促推动，制定机关很快发文通知停止执行有关文件。最高人民法院、最高人民检察院针对这一事例要求有关法院、检察院开展司法规范性文件自查清理，重申地方一律不得制定在本辖区普遍适用的、涉及具体

122

应用法律问题的司法解释性质文件，制定的其他规范性文件不得在法律文书中援引。

三、持续开展重点领域规范性文件集中清理和专项审查工作，推动党中央重大决策部署、国家重要法律和法治措施的贯彻落实

五年来，围绕推动党中央重大决策部署、国家重要法律和法治措施的贯彻落实，在全国人大常委会领导下，我们组织开展重点领域规范性文件集中清理和专项审查工作，积极推进国家各方面工作法治化。

比如，根据党中央关于全面加强生态环境保护坚决打好污染防治攻坚战的重大决策部署和全国人大常委会关于全面加强生态环境保护依法推动打好污染防治攻坚战的决议，2018 年针对生态环保领域、2020 年针对野生动物保护领域、2021 年针对长江流域保护领域开展规范性文件集中清理和专项审查工作。2022 年以来，围绕持续深入打好蓝天、碧水、净土保卫战，对长江流域保护专项清理后续工作进行跟踪督促，继续加大涉及生态资源与环境保护、污染防治、城市绿化等方面法规审查力度，着重审查存在与大气污染防治法、水污染防治法、土壤污染防治法、固体废物污染环境防治法等法律规定不一致的问题。对审查中发现与上位法规定相抵触，特别是存在放松管控、降低标准等立法"放水"问题的，要求制定机关及时修改、废止；对滞后于新制定或者新修改的上位法规定的，要求制定机关及时作出相应的调整完善；对符合上位法立法目的，确立比上位法规定更高的保护标准、更严格的保护制度的，应当予以支持。通过持续开展集中清理工作和专项审查工作，推动党中央重大决策部署和相关领域法律制度的贯彻落实，为生态文明建设和美丽中国建设提供有力法治保障。

再如，民法典出台后第二天，十九届中央政治局就切实实施民法典进行集体学习，习近平总书记发表重要讲话，明确提出："对同民法典规定和原则不一致的国家有关规定，要抓紧清理，该修改的修改，该废止的废止。"贯彻习近平总书记重要指示要求，我们组织开展了民法典涉及领域规范性文件集中清理工作和专项审查工作。2021年，对民法典专项清理后续工作进行跟踪督促。今年以来，持续加强对民法典涉及领域法规审查纠正力度，巩固和扩大专项清理成果。有的地方性法规规定，业主大会可以在管理规约、业主大会议事规则中，对拒付物业服务费、公共水电分摊费和不交存物业维修资金的业主参加业主大会、行使投票权等权利进行限制。我们经审查认为，不加区分地将业主拒付物业服务费、物业维修资金等不履行业主义务行为同业主行使共同管理权挂钩，进而限制业主的建筑物区分所有权，与民法典有关规定不符合。有的地方性法规规定，热用户应当在每年采暖期开始前30日内交纳本采暖期的热费，不按时交纳的，供热单位可以对其暂缓供热、限制供热或者停止供热。我们经审查认为，热用户采暖费的交纳时间和逾期不交纳热费的法律责任，应当遵循民法典有关规定。有的地方性法规规定，进行水力发电需要通过招标、拍卖等方式从政府取得"水能资源开发利用权"并缴纳出让金。我们经审查认为，地方自行规定的"水能资源开发利用权"，具有用益物权性质，不符合民法典确立的物权法定原则。上述问题和类似一些问题，有的已经解决，有的正在解决。

又如，本届以来，根据党中央 2015 年关于"我国人口发展呈现出重大转折性变化"的重大判断精神、2020 年关于"增强生育政策包容性"的精神、2021 年关于"优化生育政策促进人口长期均衡发展"的重大决策部署精神，我们持续关注和加强人口与计划生育领域规范性文件审查工作，及时组织开展集中清理工作和专项审查工作，本届以来历次备案审查工作情况报告都有涉及计划生育方面的内容。2017 年开始、2018 年接续，推动规范性文件制定机关对企业职工"超生即辞退"的规定作出修改；2019 年，推动制定机关对国家工作人员"超生即开除"的规定作出修改。法工委在2019 年备案审查工作情况报告中提出，这类规定虽目前有上位法的一定依据，但总的看已经不适应、不符合党和国家关于改革完善计划生育服务管理的精神和方向，应予适时调整，建议有关方面研究启动修改完善工作。2021 年 8 月，十三届全国人大常委会第三十次会议对人口与计划生育法作出重要修改。为确保修改后的人口与计划生育法正确实施，我们组织开展了涉及计划生育内容的法规、规章等规范性文件集中清理和专项审查工作，推动制定机关修改、废止了一批相关规范性文件；督促制定机关取消社会抚养费征收规定，废止计划生育相关处罚、处分规定，将入户、入学、入职等与个人生育情况全面脱钩；同时，建议有关方面开展涉及计划生育内容的党内法规、规范性文件专项清理，督促有关方面及时修改对享受生育保险待遇作出不适当限制的规定。

开展集中清理和专项审查工作，拓展了备案审查工作思路，增强了备案审查工作的针对性、系统性、时效性，有利于发挥法律体系整体功效和治理体系整体效能。实践表明，及时组织开展重点领域规范性文件集中清理和专项审查工作，对于实现相关领域上下联动、左右协同，保证党中央精神全面贯彻、一体遵循，保证国家重要法律和法治措施有效实施，促进法律体系内在科学和谐统一，推进国家治理体系和治理能力现代化，具有重要意义。

四、在备案审查工作中践行全过程人民民主重大理念，努力增强人民群众法治获得感

发展全过程人民民主，是新时代新征程做好备案审查工作必须遵循的重要原则、必须贯彻的重大理念。就备案审查工作来说，有两个方面的要求：一是通过备案审查工作，运用法治方式解决人民群众关心关注的实际问题，增强人民群众法治获得感；二是在备案审查工作中不断拓展和健全人民群众有序参与立法、表达意愿关切的途径和形式，丰富和发展全过程人民民主的生动实践。近年来，我们注重健全备案审查工作吸纳民意、汇聚民智的机制、渠道和方式，努力使备案审查制度机制和工作实践成为新时代新征程践行全过程人民民主重大理念的具体体现。

拓宽人民群众诉求表达的渠道和机制。立法法、监督法等法律规定，公民、组织认为法规、司法解释等规范性文件同宪法或者法律相抵触的，可以向全国人大常委会书面提出进行审查的建议，由常委会工作机构进行研究。这是保证人民群众对国家立法工作知情权、参与权、表达权、监督权的制度设计和理念体现。2019年，在中国人大网开通审查建议在线提交平台，实现审查建议"一键提交"。三年来，我们共收到公民、组织网上提出的审查建议11800余件，约占五年来审查建议总数的66.4%。法工委每年都向常委会报告备案审查工作情况，并将年度备案审查工作情况报告通过中国人大网和全国人大常委会公报向社会公布。通过多种渠道和方式做好备案审查宣传工作，增强工作透明度，拓展群众参与度。把备案审查工作同办理代表议案建议、委员提案工作结合起来，同基层立法联系点工作结合起来，同立法修法工作结合起来，同联系指导地方人大备案审查工作结合起来，努力通过各种渠道和形式了解社情民意，努力通过备案审查工作回应社会关切，努力使备案审查制度和工作成为践行全过程人民民主重大理念的具体形式和制度载体。

认真研究处理收到和转来的审查建议。人民群众提出的每件审查建议，"两会"期间全国人大代表、全国政协委员提出的每件建议、议案、提案，我们都认真研究，督促纠正了一批人民群众集中反映、影响老百姓切身利益、直接涉及公民权利义务的法规、司法解释等规范性文件，保障全过程人民民主落到实处。五年来，共收到 1.7 万多件审查建议，审查建议人来自不同地域、行业、群体，包括工人、农民、个体工商户、专家学者、基层行政执法人员、律师、学生、人大代表、政协委员、企业事业单位、有关国家机关等；审查建议内容广泛，涉及诸多领域，或表达权益诉求，或关注法治进步，或反映群众急难愁盼问题，或呼吁解决制度衔接问题。各种意见反映和诉求表达，总的看属于建设性、正能量，是我国全过程人民民主的具体体现。我们对审查建议逐一登记、逐件研究；必要时，与审查建议人沟通，了解来自基层和各方面的真实声音，增强审查研究的针对性、实效性；提出处理意见后，通过书面发函、电话沟通等方式及时作出反馈。以研究处理审查建议为抓手，积极推动解决人民群众普遍关注的问题。比如，2021 年，根据全国人大代表提出的建议，督促纠正个别地方以户籍限制从事出租车司机职业的问题；2022年，又进一步梳理研究、推动 14 个地方纠正了类似问题。

广泛听取意见，加强调研论证，做到集思广益。在审查研究工作中，对可能存在问题的规范性文件，充分听取制定机关的情况说明，通过座谈会、论证会、委托研究、走访调研等方式，听取专门委员会、国家机关、社会团体、企事业单位、人大代表、专家学者以及利益相关方的意见，从法治原则出发分析其中利弊得失。比如，2021 年，有的地方性法规规定，停车人应当按照规定缴纳道路停车费用，逾期未缴纳的进行催缴同时并处 200 元以上 1000 元以下罚款。有公民对有关罚款规定提出审查建议。针对这一审查建议，我们请制定机关说明情况，请执法部门提供有关规定实施情况，向有关部门了解停车收费改革的相关政策，向审查建议人进一步询问提出审查建议的考虑，通过多种方式了解、走访居民 127 户，在此基础上与有关制定机关就法规修改方案反复交换意见，力求取得平衡和共识。制定机关后来对有关规定作出修改，调整完善罚款的额度和程序，并督促有关单位出台具体办法，处理结果得到社会各方面普遍认可。我们还注重借助"外脑"，建立备案审查专家委员会，围绕备案审查工作相关问题，组织专家进行论证；探索发挥智库作用，委托有关高校、研究机构开展专题研究。

积极参与建设国家法律法规数据库。备案审查信息平台建成后，法工委与常委会办公厅有关方面共同协作，初步建成国家法律法规数据库，全面收录我国现行有效的各类法律法规，为社会公众持续提供权威版本的法律法规等文件，提供看得见、找的着、用得上的法律产品，积极回应和满足人民群众的法治需求。

五、2022 年备案审查工作总体情况

2022 年，在全国人大常委会领导下，法工委与有关方面协同配合，对法规、司法解释和特别行政区本地法律依法开展备案审查工作，持续取得新进展。

一年来，全国人大常委会办公厅收到报送备案的法规、司法解释及特别行政区法律共 1172 件，其中行政法规 23 件，省、自治区、直辖市地方性法规 500 件，设区的市、自治州地方性法规 495 件，自治条例和单行条例 68 件，经济特区法规 40 件，司法解释 20 件，香港特别行政区法律 11 件，澳门特别行政区法律 15 件。制定《法规、司法解释形式审查工作程序》，加强形式审查，对存在报备问题的 56 件法规督促报备机关及时予以改正。

法工委对报送备案的法规、司法解释及特别行政区本地法律依职权主动进行审查。收到公民、组织提出的审查建议 4829 件，其中属于全国人大常委会审查范围的 4067 件，包括针对行政法规和国务院决定提出的 108 件，针对地方性法规、自治条例和单行条例、经济特区法规提出的 3815 件，针对司法解释提出的 144 件。没有收到有关国家机关提出的审查要求。对不属于全国人大常委会审查范围、可能存在问题的 333 件审查建议移送有关备案审查工作机构研究处理，其中移送中央办公厅 3 件、司法部 62 件、最高人民法院 6 件、最高人民检察院 3 件、省级地方人大常委会 259 件。研究处理其他备案审查工作机构移送或提出的审查建议 286 件。对 2021 年专项清理工作有关事项进行跟踪督促，组织开展物业管理、生育保险等领域规范性文件集中清理和专项审查工作。截至目前，共督促、推动制定机关修改、废止法规、司法解释及其他规范性文件 781 件。

落实修改后的地方组织法，推动地方各级人大常委会建立健全听取和审议备案审查工作情况报告制度。2017 年 12 月，全国人大常委会会议首次听取和审议全国人大常委会法工委关于十二届全国人大以来暨 2017 年备案审查工作情况的报告，之后逐步实现常态化、制度化。近年来，为了增强备案审查工作整体实效，我们推动地方人大常委会根据实际情况建立健全相关制度机制。2019 年，实现省级人大常委会听取审议备案审查工作情况报告制度全覆盖；2021 年，实现设区的市级全覆盖；2022 年，力争实现县级全覆盖。2022 年 3 月，修改后的地方组织法对人大常委会听取审议备案审查工作情况报告制度已经作出明确规定。

为推动解决地方立法共性问题，统一审查标准和尺度，探索建立备案审查案例指导制度，选编有关事例实例作为备案审查工作案例印送地方人大参考。收集整理一些地方人大常委会审查纠正处理的典型事例 139 件，作为工作交流材料。召开全国省级法规规章规范性文件数据库建设工作推进会，总结交流浙江、广东、重庆、宁夏四地试点经验，全面启动省级法规规章规范性文件数据库建设工作。围绕现行宪法颁布施行 40 周年，深入推进备案审查理论研究。

2022 年是十三届全国人大常委会依法履职、开展工作的第五年。法工委对过去五年备案审查工作进行了回顾总结，力求深化对备案审查工作功能、特点、规律的认识。备案审查工作情况除了在每年报告中已作反映外，五年工作的总体情况在本报告前述部分中已作了概述。五年来，备案审查工作取得新进展新成效，是多方面支持和推动的结果，也是我们自身持续努力和扎实工作的结果。作为直接从事和承担这项工作的机构，我们有切身的体会和感受。概括起来，主要有以下几点工作体会：一是必须坚持以习近平新时代中国特色社会主义思想为指导，深入贯彻习近平法治思想，始终围绕加强宪法实施和监督开展备案审查工作，确保备案审查工作正确政治方向；二是必须坚持党的全面领导，服务党和国家工作大局，全面贯彻党的路线方针政策和党中央决策部署，确保各类规范性文件与党中央精神保持一致；三是必须坚持以人民为中心，贯彻全过程人民民主重大理念和实践要求，保障人民群众通过备案审查制度依法提出意见、表达诉求，努力做到民有所呼、我有所应，切实维护人民根本利益；四是必须坚持全面依法治国，坚持宪法法律至上，全面推进国家各方面工作法治化，加强人权法治保障，维护和促进社会公平正义，坚决纠正违宪违法的规范性文件，切实维护宪法法律权威和国家法治统一；五是必须坚持中国特色社会主义政治制度自信，坚持和完善人民代表大会制度，充分发挥人民代表大会制度优势，实行正确监督、有效监督、依法监督，构建起覆盖各类规范性文件的备案审查监督体系，增强备案审查制度整体功效。这些体会深化了我们对备案审查工作规律性的认识，应当作为今后加强和改进工作的重要原则长期坚持并在实践中不断丰富发展。

同时，我们在回顾总结中也感到工作还有很多差距和不足，工作质量、水平、效率有待提高；对一些重点难点问题还缺乏深入研究，对合宪性合法性合理性问题在深刻理解、准确把握、妥善处理上还有差距；新形势新任务对备案审查工作提出了新的更高要求，我们不论从自身素质还是从工作机制上都还有不适应、不符合的问题；如何发挥人大和各方面积极性，如何加强理论研究和宣传工作等，这些都需要我们在未来工作中不断加强和改进。

六、2023 年备案审查工作初步安排和考虑

2023 年是贯彻落实党的二十大精神开局之年。党的二十大强调"加强宪法实施和监督、健全保证宪法全面实施的制度体系",明确提出"完善和加强备案审查制度"。2023年备案审查工作总体要求是,全面贯彻党的二十大和二十届一中全会精神,深刻领悟"两个确立"的决定性意义,深入学习贯彻习近平新时代中国特色社会主义思想,加强备案审查工作,提升备案审查质量,完善备案审查制度,通过备案审查制度和工作助力全面依法治国,发展全过程人民民主,维护宪法法律权威和国家法治统一,发挥中国特色社会主义法律体系整体功效,为法治中国建设作出积极贡献。

一是加强宪法实施和监督。健全保证宪法全面实施的制度体系,完善推进合宪性审查工作的思路、机制和方式方法。加强对法规、司法解释等规范性文件的合宪性、涉宪性问题审查研究,在备案审查工作中准确把握和阐明与宪法规定有关的内容。认真研究、妥善处理规范性文件中合宪性、涉宪性问题,及时督促纠正改正与宪法规定、宪法原则、宪法精神不一致不相符的问题。

二是完善和加强备案审查制度。修改立法法、监督法,研究出台关于完善和加强备案审查制度的决定,进一步健全备案审查制度体系。提高全面落实"有件必备、有备必审、有错必纠"的水平。围绕贯彻党中央重大决策部署和重要法律实施,加强主动审查、专项审查,建立健全重点领域法律法规等规范性文件集中清理常态化机制。依法对香港、澳门特别行政区法律开展备案审查。

三是着力提高备案审查工作质量。进一步完善备案审查工作机制，细化审查标准，规范审查流程，加强调研论证，强化审查说法说理，提升审查工作科学化水平。更好地发挥备案审查专家委员会作用。增强制度刚性，坚决纠正一切违宪违法的规范性文件，维护国家法治统一、尊严、权威。通过备案审查工作推动有关方面完善相关制度规定，支持有关地方开展地方立法先行先试探索。

四是坚持和发展全过程人民民主。不断畅通人民权益表达渠道和参与过程，认真做好代表、委员提出的或者公民、组织提出的审查建议的研究、处理和反馈工作，完善审查建议办理机制，提高重点、难点审查建议办理成效，提升审查工作民主含量和质量，把备案审查工作和制度建设成为人大民主民意重要表达平台和载体。

五是加强对地方人大备案审查工作的联系指导。适时召开人大备案审查工作座谈会。总结近年来的实践经验，结合有关法律法规修改，举办工作培训班。运用备案审查工作案例推动工作交流互鉴。健全听取和审议备案审查工作情况报告制度，提高报告质量，通过报告制度推动备案审查工作。推进省级法规规章规范性文件数据库建设。

六是加强备案审查理论研究和宣传工作。围绕有关法律修改，紧密结合当代中国法治实践，推动学界加强合宪性审查、备案审查理论研究，促进理论与实践融合发展。聚焦宪法实施和监督，探讨中国特色宪法实施和监督理论体系、话语体系。创新备案审查宣传工作机制，提高宣传效果，讲好中国备案审查故事。

附件：

本届以来备案审查工作有关情况

图 1　本届以来接收备案的规范性文件的数量

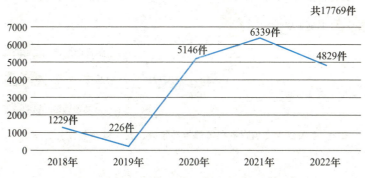

图 2　本届以来公民、组织提出审查建议的数量

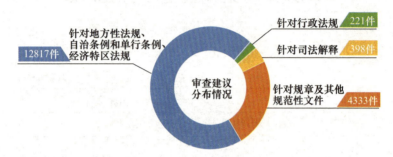

图 3　本届以来收到的审查建议分布情况

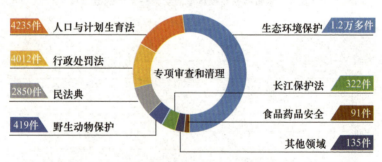

图 4　本届以来专项审查和清理推动修改、废止规范性文件的情况

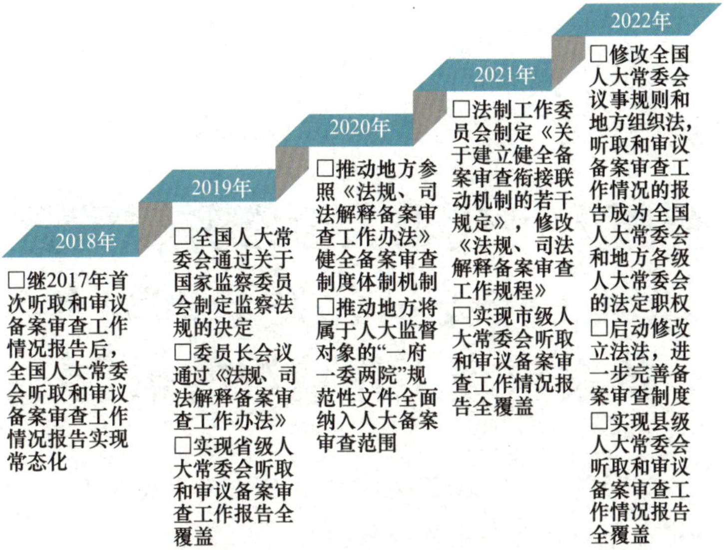

2018年
□继2017年首次听取和审议备案审查工作情况报告后，全国人大常委会听取和审议备案审查工作情况报告实现常态化

2019年
□全国人大常委会通过关于国家监察委员会制定监察法规的决定
□委员长会议通过《法规、司法解释备案审查工作办法》
□实现省级人大常委会听取和审议备案审查工作报告全覆盖

2020年
□推动地方参照《法规、司法解释备案审查工作办法》健全备案审查制度体制机制
□推动地方将属于人大监督对象的"一府一委两院"规范性文件全面纳入人大备案审查范围

2021年
□法制工作委员会制定《关于建立健全备案审查衔接联动机制的若干规定》，修改《法规、司法解释备案审查工作规程》
□实现市级人大常委会听取和审议备案审查工作情况报告全覆盖

2022年
□修改全国人大常委会议事规则和地方组织法，听取和审议备案审查工作情况的报告成为全国人大常委会和地方各级人大常委会的法定职权
□启动修改立法法，进一步完善备案审查制度
□实现县级人大常委会听取和审议备案审查工作情况报告全覆盖

图 5　本届以来备案审查制度建设情况

□建成全国统一的备案审查信息平台
□建成国家法律法规数据库（一期）
□建设省级法规规章规范性文件数据库

□编写出版《〈法规、司法解释备案审查工作办法〉导读》、《规范性文件备案审查理论与实务》、《规范性文件备案审查案例选编》
□推动出版备案审查专门刊物—《备案审查研究》及系列理论丛书

提升信息化水平

联系指导地方

加强理论研究

用好"外脑""智囊"

□开展全国范围的备案审查案例交流
□举办人大系统首次备案审查工作经验交流现场会暨备案审查工作培训班
□发布备案审查工作案例，探索建立备案审查案例指导制度

□推动北京航空航天大学法学院成立全国首家备案审查制度研究中心
□推动浙江大学、北京航空航天大学、中山大学等开设备案审查专门课程
□成立全国人大常委会法工委备案审查专家委员会

图 6　本届以来备案审查能力建设情况

全国人民代表大会常务委员会法制工作委员会关于 2023 年备案审查工作情况的报告

——2023 年 12 月 26 日在第十四届全国人民代表大会常务委员会第七次会议上

全国人大常委会法制工作委员会主任　沈春耀

全国人民代表大会常务委员会：

现将 2023 年开展备案审查工作的情况报告如下，请审议。

备案审查制度是保障宪法法律实施、维护国家法治统一的重要制度。根据宪法和有关法律的规定，国务院制定的行政法规，国家监察委员会制定的监察法规，最高人民法院、最高人民检察院制定的司法解释，有关地方人大及其常委会制定的各类地方性法规、自治条例和单行条例，香港、澳门两个特别行政区制定的本地法律，都应当报全国人大常委会备案。全国人大常委会对报送备案的法规、司法解释等规范性文件进行审查，对与宪法法律相抵触的法规、司法解释等规范性文件依法予以撤销、纠正或者处理。我国宪法和立法法、监督法等法律和有关决定都有关于备案审查方面的规定。党的十八大以来，以习近平同志为核心的党中央从推进全面依法治国、加强宪法法律实施和监督的战略高度，对加强备案审查制度和能力建设作出新部署、提出新要求，推动备案审查工作不断取得重要进展和成效。2017 年以来，全国人大常委会会议每年都听取和审议法制工作委员会关于备案审查工作情况的报告，备案审查工作已实现显性化、制度化、常态化，备案审查制度的独特功效日益彰显。

2023 年，在全国人大常委会领导下，法工委与全国人大各有关单位密切配合，坚持以习近平新时代中国特色社会主义思想为指导，全面贯彻党的二十大精神，完善和加强备案审查制度，认真开展备案审查工作，加大监督纠正力度，为全国人大常委会依法履行备案审查职责提供服务保障，持续推动备案审查工作取得新进展新成效。

一、加强备案工作，做到有件必备

2023 年，全国人大常委会办公厅收到报送备案的法规、司法解释等规范性文件共 1319 件。其中，行政法规 24 件，省、自治区、直辖市地方性法规 422 件，设区的市、自治州地方性法规 664 件，自治条例和单行条例 100 件，经济特区法规 41 件，浦东新区法规 3 件，海南自由贸易港法规 8 件，司法解释 10 件，特别行政区本地法律 47 件。总的看，各报备机关能够严格依照法律规定，及时、规范履行报备义务，自觉接受全国人大常委会监督。

常委会办公厅对报送备案的法规、司法解释等规范性文件开展形式审查，将符合报备形式要求的规范性文件及时分送有关专门委员会、常委会工作机构进行审查，汇总形成规范性文件备案目录，印发各报备机关并在中国人大网向社会公布。对发现的报备不规范问题，及时向报备机关发函督促纠正或者进行口头提醒。

贯彻党中央关于"把所有规范性文件纳入备案审查范围"的要求，我们通过推动建设省级法规规章规范性文件数据库，巩固拓展地方人大备案范围。目前已有 23 个省、自治区、直辖市人大常委会将本行政区域省市县乡四级国家机关制定的各类规范性文件纳入数据库，共计 222517 件。其中各类地方性法规 12651 件，地方政府规章 6178 件，各级人大及其常委会决议、决定 8046 件，行政规范性文件 191995 件，监察规范性文件 227 件，司法规范性文件 3420 件。

二、认真履行审查职责，积极推进有备必审

一年来，共收到公民、组织提出的审查建议 2827

件，其中，书面寄送的 2282 件，通过备案审查在线提交平台提出的 545 件。没有收到国家机关提出的审查要求。我们对审查建议逐一进行研究，与有关方面充分沟通，加强调研论证，提出审查意见，并按规定向审查建议人反馈。依法对报送备案的法规、司法解释开展主动审查，对审查中发现的问题，及时提出研究和处理意见。

接收司法部等其他备案审查工作机构移送的审查工作建议 90 件。对有关问题逐一进行审查研究，及时提出研究和处理意见。对不属于全国人大常委会审查范围的 163 件审查工作建议，及时移送相关备案审查工作机构研究处理。探索开展联合审查。对审查发现地方性法规和地方政府规章存在的带有普遍性的问题，与司法部共同研究提出审查意见，协调和推动解决有关问题。

围绕推动新近出台的重要法律的贯彻实施，组织开展相关领域规范性文件集中清理，督促制定机关及时修改、废止与新近制定或者修改的法律不相符合、不相适应的规定。2022 年 10 月，十三届全国人大常委会第三十七次会议通过黄河保护法。今年，我们组织开展涉及黄河保护的法规、规章、规范性文件集中清理工作。经清理，发现需要修改、废止的法规、规章、规范性文件共 154 件，其中行政法规 5 件，地方性法规 67 件，单行条例 7 件，部门规章和规范性文件 6 件，地方政府规章和规范性文件 69 件。目前有关方面已修改 6 件，废止 20 件，有关修法工作正在推进中。

2023 年 4 月，十四届全国人大常委会第二次会议通过青藏高原生态保护法。我们及时组织开展涉及青藏高原生态保护的法规、规章、规范性文件集中清理工作。经清理，发现需要修改、废止的法规、规章、规范性文件共 49 件，其中行政法规 1 件，地方性法规 11 件，单行条例 3 件，地方政府规章和规范性文件 34 件；已经修改、废止地方政府规章和规范性文件 6 件。拟出台配套规定 10 件，其中 4 件地方性法规，5 件地方政府规章，1 件国务院部门文件；已出台 1 件地方政府文件。有关工作正在推进中。

三、督促有关规范性文件制定机关纠错改正，维护国家法治统一

对报送备案的或者现行的法规、司法解释等规范性文件，经审查，发现存在合宪性、合法性、适当性问题的，督促和推动有关规范性文件制定机关及时予以修改、废止或者制定新的规定取代原有规定。

（一）在备案审查工作中加强对合宪性、涉宪性问题审查研究，维护宪法权威和法治原则

有的司法解释规定，上级人民检察院可以依法统一调用辖区内的检察人员办理案件，经上级人民检察院作出调用决定，被调用的检察官可以代表办理案件的人民检察院履行出庭支持公诉等各项检察职责。有公民对此规定提出审查建议。法工委在 2022 年备案审查工作情

况报告中提出了原则性意见，请制定机关予以考虑。对被调用的检察人员代表调入地人民检察院履行出庭支持公诉等各项检察职责是否需要经调入地人大常委会作出相关任职决定，涉及对人民检察院组织法有关规定的理解，也涉及对宪法有关规定和检察官法有关规定的理解。今年，我们对这个问题进一步深入研究，在与制定机关充分沟通、形成共识的基础上，根据宪法和有关法律的规定、原则和精神，形成《关于调用检察人员及其任免问题的有关情况和研究意见》，对被决定调用的检察人员是否须经调入地人大常委会任命的问题，区分不同情形提出具体的、明确的规范意见。制定机关于今年9月出台《关于上级人民检察院统一调用辖区的检察人员办理案件若干问题的规定》，其中明确规定："被调用检察人员以检察官身份代表办理案件的人民检察院履行出庭支持公诉等职责的，应当由办理案件的人民检察院检察长提请本级人民代表大会常务委员会按照法定程序任命为本院的检察员。案件办结或者上级人民检察院作出终止调用决定的，按照法定程序免去其前述检察员职务。"同时，我们还对新规定出台前已办结案件如何处理问题进行研究并提出意见。

有的市辖区议事协调机构发布通告，对涉某类犯罪重点人员采取惩戒措施，其中对涉罪重点人员的配偶、子女、父母和其他近亲属在受教育、就业、社保等方面的权利进行限制。有公民对此提出审查建议，认为这样的限制措施实际上属于"连坐"性质，应予停止执行。我国宪法规定，公民享有宪法和法律规定的权利，履行宪法和法律规定的义务。我们研究认为，任何违法犯罪行为的法律责任都应当由违法犯罪行为人本人承担，而不能株连或者及于他人，这是现代法治的一项基本原则；有关通告对涉罪人员近亲属多项权利进行限制，违背罪责自负原则，不符合宪法第二章关于"公民的基本权利和义务"规定的原则和精神，也不符合国家有关教育、就业、社保等法律法规的原则和精神。我们与有关主管部门督促有关机关对通告予以废止，支持有关主管部门在全国范围内部署开展自查自纠，防止、避免出现类似情况，确保执法司法工作在法治轨道上规范推进。

（二）督促纠正有关生态环保地方性法规存在的问题，坚持依法防治污染

有的地方性法规对单位和个人在经营活动中使用或者提供使用禁止、限制名录内的不可降解一次性塑料制品的违法行为作出处罚规定。有关部门对有关表述内容提出疑问和意见，移送法工委审查和处理。我们经审查认为，该规定对单位和个人相关违法行为处以罚款设置了前提条件，且对个人违法行为设定的处罚数额低于固体废物污染环境防治法规定的处罚幅度，有放松监管之虞。经沟通，制定机关已废止有关法规。

有的地方性法规规定，对违法排放污染水源的污染

146

物的，应当责令停止违法行为，限期采取治理措施，消除污染，处以罚款。有关部门对有关表述内容提出疑问和意见，移送法工委审查和处理。我们经审查认为，该规定与水污染防治法的有关规定不一致，减少了对情节严重的违法企业"责令停业、关闭"的处罚种类，执行中可能带来放松管控的问题。经沟通，制定机关已及时对有关法规作出修改完善，确保生态环保法律得到严格执行。

（三）督促纠正涉及民生地方性法规存在的问题，维护公民、法人合法权益

有的地方性法规规定，建设单位在竣工验收后，应当将变（配）电、二次供水、换热、燃气调压等设施设备及相关管线等专业经营设施设备的所有权移交给专业经营单位。有关部门对这一规定提出审查建议。我们经审查认为，根据民法典的有关规定，业主对建筑物专有部分享有所有权，对建筑区划内的共有部分享有共有的权利，属于业主共有部分的设施设备的所有权应当属于业主共有，建设单位不能将其所有权移交给相关专业经营单位；共用设施设备的所有权属于业主共有，并不影响相关单位对专业经营设施设备的维修和养护责任；有关地方性法规中的相关规定涉及公民的财产权利，与民法典的有关规定不一致。经沟通，制定机关已对相关规定作出修改。

有的地方性法规规定，业主、物业使用人损坏房屋

承重结构、主体结构的，由有关部门责令立即改正，恢复原状，可以处一万元以上五万元以下罚款；情节严重的，处五万元以上十万元以下罚款。有关组织对这一规定提出审查建议。我们经审查认为，该处罚规定明显低于国务院行政法规规定的罚款额度，并将"并处"改为"可处"，属于放松管控的情形；房屋承重结构、主体结构的改变，涉及居民安居和公共安全，地方性法规应当严格执行上位法有关规定，不应放松监管。经沟通，制定机关已对相关规定作出修改。

有的地方性法规规定，全面禁止销售、燃放烟花爆竹。有公民和企业对全面禁止性规定提出审查建议。我们经审查认为，大气污染防治法、国务院制定的烟花爆竹安全管理条例等法律、行政法规对于销售、燃放符合质量标准的烟花爆竹未作全面禁止性规定，同时授权县级以上人民政府可以划定限制或者禁止燃放烟花爆竹的时段和区域；有关地方性法规关于全面禁止销售、燃放烟花爆竹的规定，与大气污染防治法和烟花爆竹安全管理条例的有关规定不一致；关于全面禁售、禁燃的问题，认识上有分歧，实践中也较难执行，应当按照上位法规定的精神予以修改。经沟通，制定机关已同意对相关规定尽快作出修改。

（四）督促纠正有关单行条例存在的问题，促进各民族交流融合

有的自治县的单行条例将民族文化限定为某一特定

民族文化。有关方面对这一界定提出不同意见。我们经审查认为，民族自治地方的民族文化是各民族长期共同交往融合形成的，既包括实行区域自治民族的文化，也包括本地区其他民族的文化；将民族自治地方的民族文化限定为某一特定民族的文化，与民族区域自治法关于"民族自治地方内的民族关系"的规定精神不符合，没有准确体现国家关于坚持各民族平等、促进各民族交流融合的精神。我们向有关制定机关提出审查意见，制定机关正在抓紧修改。

有的自治县的单行条例规定，该地区自治机关、企业事业单位在招干招工考试时，同等条件下以使用特定民族文字答卷者优先录用。有关方面对这一规定提出不同意见。我们经审查认为，根据国家通用语言文字法的规定，各级政府及其有关部门应当推广国家通用语言文字，即普通话和规范汉字；该条例关于用特定民族文字答卷者优先录用的规定，与法律规定不一致，应当作出必要修改。我们向有关制定机关提出审查意见，制定机关正在抓紧修改。

（五）推动纠正地方司法规范性文件存在的问题，规范司法执法权限

有的省级法院、检察院、公安局、司法局就办理某类犯罪案件联合发文，明确有关司法执法标准。有公民对这一文件提出审查建议。我们经审查认为，该联合发文作为司法规范性文件，对某类犯罪定罪问题作出具体

规定，降低了法律规定的定罪标准，扩大了该罪的适用范围；文件内容属于具体应用法律的解释，超越了制定机关的权限，不符合立法法的规定，也不符合最高人民法院、最高人民检察院的一贯要求。我们通过备案审查衔接联动机制与有关方面共同督促纠正该文件。制定机关已废止该文件。最高人民法院还督促各高级人民法院组织清理审判业务文件，并认真做好司法规范性文件备案审查工作。

（六）持续开展跟踪监督，推动解决审查和集中清理工作中发现的问题

今年以来，我们对以往审查和集中清理工作中发现的问题持续开展跟踪监督。在涉及黄河流域保护的法规、规章和其他规范性文件集中清理工作中，各地梳理发现需要修改、废止的地方性法规还有不少没有完成修改、废止工作。我们贯彻常委会工作部署精神，要求依照黄河保护法修改完善相应地方性法规的工作应当确定一个明确的时限，发函要求黄河流域各省、自治区人大常委会抓紧开展有关地方性法规修改、废止工作，于2024年上半年完成相关工作。

贯彻落实党中央精神，2017年以来，我们持续开展涉及计划生育规范性文件审查和集中清理工作，推动制定机关废止了一批与计划生育有关的处罚、处分等规定。这项工作尚有个别项目没有完成。有关方面对《行政机关公务员处分条例》提出清理建议。该条例第

三十三条关于对违反规定超计划生育的公务员给予处分的规定，与2021年经全国人大常委会修改的人口与计划生育法的规定和精神不一致，应当予以修改。我们继续与有关部门沟通，督促尽快作出修改。

我们发现以前法工委审查意见要求纠正的地方性法规将"按时交纳物业服务费"作为小区业主参选业主委员会成员的条件、将具有本地户籍或者居住证作为出租车驾驶员准入的条件等问题，还有一些地方存在类似问题，我们继续督促有关制定机关及时完成修改工作。

四、加强备案审查制度和能力建设，着力提高备案审查能力和质量

党的二十大报告明确提出："完善和加强备案审查制度。"中央全面深化改革委员会将"研究出台全国人大常委会关于完善和加强备案审查制度的决定"列入2023年工作要点。全国人大常委会2023年度工作要点和立法工作计划也对出台完善和加强备案审查制度的决定提出了相关任务要求。

按照中央深改委和全国人大常委会的工作部署，法工委全面贯彻党的二十大精神，深入学习贯彻习近平新时代中国特色社会主义思想特别是习近平法治思想、习近平总书记关于备案审查的重要论述精神，系统总结近年来推进备案审查工作实践和制度建设成果，积极开展调查研究，广泛征求意见，拟订了《全国人民代表大会常务委员会关于完善和加强备案审查制度的决定

（草案）》。决定草案已经中央深改委审定，并由委员长会议提请本次常委会会议审议。

今年以来，我们以主题教育为契机，扎实推进备案审查能力建设，着力提高备案审查能力水平和工作质量，夯实备案审查理论基础，更好发挥备案审查制度作用。

——加强调查研究。在研究起草关于完善和加强备案审查制度的决定草案过程中，我们走访中央和国家有关部门，赴地方调研，召开备案审查专家委员会会议，广泛听取意见。将决定草案征求意见稿送中央和国家有关部门、全国人大各专门委员会和常委会工作机构、各省（区、市）和经济特区市的人大常委会、部分人大代表、基层立法联系点等82个单位和个人征求意见。坚持问计于基层、问计于群众、问计于实践，在开展涉黄河流域保护规范性文件集中清理工作中，赴甘肃、河南开展实地调研，召开两个片区座谈会，听取沿黄8个省、自治区清理工作情况和意见。

——加强对地方人大备案审查工作的联系指导。贯彻修改后的地方组织法等法律规定精神，推动地方各级人大常委会建立健全听取审议备案审查工作情况报告制度，加强备案审查工作。深入了解地方人大在备案审查工作中的实践创新，将地方人大的有关经验做法通过简报等形式推动学习交流。持续推动地方人大法规规章规范性文件数据库建设，完善和拓展数据库功能。探索备案审查案例指导工作，选编有关工作案例印送地方人大，并在中国人大网公开。

——加强备案审查理论研究和宣传工作。围绕完善和加强备案审查制度开展专题研究，形成系列研究成果。支持浙江大学、北京航空航天大学、甘肃政法大学等高校召开备案审查理论研究、教材建设研讨会，支持有关高校和研究机构加强备案审查理论研究、教材教学建设。宣传备案审查工作中的典型事例，讲好备案审查故事。

五、认真做好香港、澳门两个特别行政区本地法律备案审查工作

香港特别行政区、澳门特别行政区将各自立法机关制定的法律报送全国人大常委会备案，是香港基本法、澳门基本法规定的两个特别行政区法定责任；全国人大常委会对两个特别行政区立法机关制定的法律进行备案审查，是宪法和香港基本法、澳门基本法赋予全国人大常委会的重要职权，是维护宪法和香港基本法、澳门基本法确定的特别行政区宪制秩序和法治秩序的重要工作。根据香港基本法、澳门基本法的有关规定，特别行政区立法机关制定的法律须报全国人大常委会备案，备案不影响该法律的生效；全国人大常委会在征询其所属的香港特别行政区基本法委员会、澳门特别行政区基本法委员会的意见后，如认为特别行政区立法机关制定的任何法律不符合基本法关于中央管理的事务及中央和特别行政区的关系的条款，可将有关法律发回；经全国人大常委会发回的法律立即失效。

多年来，全国人大常委会备案审查工作范围一直包括香港、澳门两个特别行政区立法机关制定的法律。两个特别行政区都能够做到将其立法机关制定的法律及时向全国人大常委会报送备案。常委会办公厅收到报备的本地法律后，送常委会有关工作机构进行审查。法工委具体承担对两个特别行政区本地法律备案审查的工作职责，并形成征询香港、澳门两个基本法委意见的相关工作机制。过去一年来，香港特别行政区报送备案的本地法律29件，澳门特别行政区报送备案的本地法律18件。经初步审查，尚未发现需要将有关法律发回的情形。

香港、澳门两个特别行政区注重在本地立法中遵循和贯彻全国人大及其常委会通过的有关法律、法律解释和决定的精神。例如，2023年5月，香港特别行政区立法会通过《2023年法律执业者（修订）条例》，确立香港特别行政区维护国家安全委员会主导相关事项的制度机制，这是贯彻落实2022年12月十三届全国人大常委会第三十八次会议通过的《全国人民代表大会常务委员会关于〈中华人民共和国香港特别行政区维护国家安全法〉第十四条和第四十七条的解释》的原则和精神的重要本地立法。2023年5月，澳门特别行政区立法会通过修改第2/2009号法律《维护国家安全法》，在原有基础上进一步健全澳门特别行政区维护国家安全的法律制度和执行机制，遵循和体现了中央关于建立健全特别行政区维护国家安全的法律制度和执行机制的精神。

六、2024年工作的初步考虑

新的一年，法工委将坚持以习近平新时代中国特色社会主义思想为指导，深入贯彻落实党的二十大精神，践行全过程人民民主重大理念，以全面落实常委会关于完善和加强备案审查制度的决定为契机，着力提升备案审查能力和质量，推动备案审查工作高质量发展，为助力新时代新征程全面依法治国做出积极贡献。

一是通过备案审查加强对宪法实施的监督。习近平总书记指出："全国人大常委会的备案审查工作，当然就包括审查有关规范性文件是否存在不符合宪法规定、不符合宪法精神的内容，要加强和改进这方面的工作。"自觉增强宪法意识，贯彻落实立法法有关规定，推进合宪性审查工作。在备案审查工作中注重审查有关规范性文件是否存在不符合宪法规定、宪法原则、宪法精神的内容，认真研究涉宪性问题，及时督促纠正与宪法相抵触或者存在合宪性问题的规范性文件，回应社会有关方面对涉宪问题的关切。

二是全面贯彻落实关于完善和加强备案审查制度的决定。召开备案审查工作座谈会，深入学习、全面贯彻落实决定确定的各项制度和要求，促进备案审查工作规范化。完善审查工作机制，综合运用依申请审查、主动审查、专项审查、移送审查和联合审查等方式，依法开展审查和集中清理工作，着力提升备案审查发现问题、研究问题、推动解决问题的能力和水平。强化备案审查制度刚性约束，坚决纠正违反宪法、法律的规范性文件，维护国家法治统一、尊严、权威。适时开展"回头看"工作。

三是健全备案审查工作制度机制。完善听取和审议备案审查工作情况报告、备案审查衔接联动、港澳特别行政区本地法律备案审查等制度机制。持续推进备案审查工作信息化、智能化建设，提高备案审查能力和质量。在维护国家法治统一前提下，支持地方结合实际创造性开展立法工作，突出地方特色，解决实际问题。

四是践行全过程人民民主重大理念。扎实做好人大代表、政协委员关于备案审查的议案、建议、提案办理工作。认真研究公民、组织提出的审查建议和涉及维护国家法治统一、尊严、权威的法律问题。更好发挥备案审查专家委员会作用，组织专家进行专题论证，广泛听取意见。探索在备案审查工作中发挥基层立法联系点作用的方式方法。

五是密切同地方人大的联系指导。推动省级人大常委会制定完善本地区规范性文件备案审查的制度性规定。支持地方人大常委会工作机构在实践中探索备案审查新机制、新方法。积极开展工作培训和案例交流指导。继续推进省级法规规章规范性文件数据库建设，推动及早实现本行政区域法规规章规范性文件入库全覆盖。

六是提高备案审查理论研究和宣传工作水平。围绕坚持全面依法治国、推进法治中国建设，加强备案审查理论研究和话语体系建设，加强备案审查制度和工作的宣传解读工作，及时向社会公众公开备案审查工作情况报告、工作动态、重要进展和典型案例。

附：相关资料

宪法、法律、全国人大常委会有关决定涉及备案审查工作的规定

一、关于备案工作

（一）宪法有关规定

第一百条第一款　省、直辖市的人民代表大会和它们的常务委员会，在不同宪法、法律、行政法规相抵触的前提下，可以制定地方性法规，报全国人民代表大会常务委员会备案。

第一百一十六条　民族自治地方的人民代表大会有权依照当地民族的政治、经济和文化的特点，制定自治条例和单行条例。自治区的自治条例和单行条例，报全国人民代表大会常务委员会批准后生效。自治州、自治县的自治条例和单行条例，报省或者自治区的人民代表大会常务委员会批准后生效，并报全国人民代表大会常务委员会备案。

（二）立法法有关规定

第一百零九条 行政法规、地方性法规、自治条例和单行条例、规章应当在公布后的三十日内依照下列规定报有关机关备案：

（一）行政法规报全国人民代表大会常务委员会备案；

（二）省、自治区、直辖市的人民代表大会及其常务委员会制定的地方性法规，报全国人民代表大会常务委员会和国务院备案；设区的市、自治州的人民代表大会及其常务委员会制定的地方性法规，由省、自治区的人民代表大会常务委员会报全国人民代表大会常务委员会和国务院备案；

（三）自治州、自治县的人民代表大会制定的自治条例和单行条例，由省、自治区、直辖市的人民代表大会常务委员会报全国人民代表大会常务委员会和国务院备案；自治条例、单行条例报送备案时，应当说明对法律、行政法规、地方性法规作出变通的情况；

（四）部门规章和地方政府规章报国务院备案；地方政府规章应当同时报本级人民代表大会常务委员会备案；设区的市、自治州的人民政府制定的规章应当同时报省、自治区的人民代表大会常务委员会和人民政府备案；

（五）根据授权制定的法规应当报授权决定规定的机关备案；经济特区法规、浦东新区法规、海南自由贸易港法规报送备案时，应当说明变通的情况。

第一百一十八条　国家监察委员会根据宪法和法律、全国人民代表大会常务委员会的有关决定，制定监察法规，报全国人民代表大会常务委员会备案。

第一百一十九条第二款　最高人民法院、最高人民检察院作出的属于审判、检察工作中具体应用法律的解释，应当自公布之日起三十日内报全国人民代表大会常务委员会备案。

（三）监督法有关规定

第二十八条　行政法规、地方性法规、自治条例和单行条例、规章的备案、审查和撤销，依照立法法的有关规定办理。

第二十九条　县级以上地方各级人民代表大会常务委员会审查、撤销下一级人民代表大会及其常务委员会作出的不适当的决议、决定和本级人民政府发布的不适当的决定、命令的程序，由省、自治区、直辖市的人民代表大会常务委员会参照立法法的有关规定，作出具体规定。

第三十一条　最高人民法院、最高人民检察院作出的属于审判、检察工作中具体应用法律的解释，应当自公布之日起三十日内报全国人民代表大会常务委员会备案。

（四）香港特别行政区基本法有关规定

第十七条第二款　香港特别行政区的立法机关制定的法律须报全国人民代表大会常务委员会备案。备案不影响该法律的生效。

（五）澳门特别行政区基本法有关规定

第十七条第二款　澳门特别行政区的立法机关制定的法律须报全国人民代表大会常务委员会备案。备案不影响该法律的生效。

（六）海南自由贸易港法有关规定

第十条第二款　海南自由贸易港法规应当报送全国人民代表大会常务委员会和国务院备案；对法律或者行政法规的规定作变通规定的，应当说明变通的情况和理由。

（七）全国人民代表大会常务委员会关于国家监察委员会制定监察法规的决定有关规定

监察法规应当在公布后的三十日内报全国人民代表大会常务委员会备案。

（八）全国人民代表大会常务委员会关于授权上海市人民代表大会及其常务委员会制定浦东新区法规的决定有关规定

一、授权上海市人民代表大会及其常务委员会根据浦东改革创新实践需要，遵循宪法规定以及法律和行政法规基本原则，制定浦东新区法规，在浦东新区实施。

二、根据本决定制定的浦东新区法规，应当依照《中华人民共和国立法法》的有关规定分别报全国人民代表大会常务委员会和国务院备案。浦东新区法规报送备案时，应当说明对法律、行政法规、部门规章作出变通规定的情况。

二、关于审查程序

（一）立法法有关规定

第一百一十条　国务院、中央军事委员会、国家监察委员会、最高人民法院、最高人民检察院和各省、自治区、直辖市的人民代表大会常务委员会认为行政法规、地方性法规、自治条例和单行条例同宪法或者法律相抵触，或者存在合宪性、合法性问题的，可以向全国人民代表大会常务委员会书面提出进行审查的要求，由全国人民代表大会有关的专门委员会和常务委员会工作机构进行审查、提出意见。

前款规定以外的其他国家机关和社会团体、企业事业组织以及公民认为行政法规、地方性法规、自治条例和单行条例同宪法或者法律相抵触的，可以向全国人民代表大会常务委员会书面提出进行审查的建议，由常务委员会工作机构进行审查；必要时，送有关的专门委员会进行审查、提出意见。

第一百一十一条第一款　全国人民代表大会专门委员会、常务委员会工作机构可以对报送备案的行政法规、地方性法规、自治条例和单行条例等进行主动审查，并可以根据需要进行专项审查。

第一百一十二条　全国人民代表大会专门委员会、常务委员会工作机构在审查中认为行政法规、地方性法规、自治条例和单行条例同宪法或者法律相抵触，或者存在合宪性、合法性问题的，可以向制定机关提出书面审查意见；也可以由宪法和法律委员会与有关的专门委员会、常务委员会工作机构召开联合审查会议，要求制定机关到会说明情况，再向制定机关提出书面审查意见。制定机关应当在两个月内研究提出是否修改或者废止的意见，并向全国人民代表大会宪法和法律委员会、有关的专门委员会或者常务委员会工作机构反馈。

全国人民代表大会宪法和法律委员会、有关的专门委员会、常务委员会工作机构根据前款规定，向制定机关提出审查意见，制定机关按照所提意见对行政法规、地方性法规、自治条例和单行条例进行修改或者废止的，审查终止。

全国人民代表大会宪法和法律委员会、有关的专门委员会、常务委员会工作机构经审查认为行政法规、地方性法规、自治条例和单行条例同宪法或者法律相抵触，或者存在合宪性、合法性问题需要修改或者废止，而制定机关不予修改或者废止的，应当向委员长会议提出予以撤销的议案、建议，由委员长会议决定提请常务委员会会议审议决定。

第一百一十三条　全国人民代表大会有关的专门委员会、常务委员会工作机构应当按照规定要求，将审查情况向提出审查建议的国家机关、社会团体、企业事业组织以及公民反馈，并可以向社会公开。

第一百一十四条　其他接受备案的机关对报送备案

166

的地方性法规、自治条例和单行条例、规章的审查程序，按照维护法制统一的原则，由接受备案的机关规定。

第一百一十五条 备案审查机关应当建立健全备案审查衔接联动机制，对应当由其他机关处理的审查要求或者审查建议，及时移送有关机关处理。

第一百一十六条 对法律、行政法规、地方性法规、自治条例和单行条例、规章和其他规范性文件，制定机关根据维护法制统一的原则和改革发展的需要进行清理。

（二）监督法有关规定

第三十二条 国务院、中央军事委员会和省、自治区、直辖市的人民代表大会常务委员会认为最高人民法院、最高人民检察院作出的具体应用法律的解释同法律规定相抵触的，最高人民法院、最高人民检察院之间认为对方作出的具体应用法律的解释同法律规定相抵触的，可以向全国人民代表大会常务委员会书面提出进行审查的要求，由常务委员会工作机构送有关专门委员会进行审查、提出意见。

前款规定以外的其他国家机关和社会团体、企业事业组织以及公民认为最高人民法院、最高人民检察院作出的具体应用法律的解释同法律规定相抵触的，可以向全国人民代表大会常务委员会书面提出进行审查的建议，由常务委员会工作机构进行研究，必要时，送有关专门委员会进行审查、提出意见。

三、关于审查标准

（一）宪法有关规定

第五条第三款　一切法律、行政法规和地方性法规都不得同宪法相抵触。

第一百条第二款　设区的市的人民代表大会和它们的常务委员会，在不同宪法、法律、行政法规和本省、自治区的地方性法规相抵触的前提下，可以依照法律规定制定地方性法规，报本省、自治区人民代表大会常务委员会批准后施行。

（二）立法法有关规定

第九十八条　宪法具有最高的法律效力，一切法律、行政法规、地方性法规、自治条例和单行条例、规章都不得同宪法相抵触。

第九十九条　法律的效力高于行政法规、地方性法规、规章。

行政法规的效力高于地方性法规、规章。

第一百零七条　法律、行政法规、地方性法规、自治条例和单行条例、规章有下列情形之一的，由有关机关依照本法第一百零八条规定的权限予以改变或者撤销：

（一）超越权限的；

（二）下位法违反上位法规定的；

（三）规章之间对同一事项的规定不一致，经裁决应当改变或者撤销一方的规定的；

（四）规章的规定被认为不适当，应当予以改变或者撤销的；

（五）违背法定程序的。

四、关于撤销与纠正

（一）宪法有关规定

第六十七条 全国人民代表大会常务委员会行使下列职权：（一）解释宪法、监督宪法的实施；……（七）撤销国务院制定的同宪法、法律相抵触的行政法规、决定和命令；（八）撤销省、自治区、直辖市国家权力机关制定的同宪法、法律和行政法规相抵触的地方性法规和决议；……。

（二）立法法有关规定

第一百零八条 改变或者撤销法律、行政法规、地方性法规、自治条例和单行条例、规章的权限是：

（一）全国人民代表大会有权改变或者撤销它的常务委员会制定的不适当的法律，有权撤销全国人民代表大会常务委员会批准的违背宪法和本法第八十五条第二款规定的自治条例和单行条例；

（二）全国人民代表大会常务委员会有权撤销同宪法和法律相抵触的行政法规，有权撤销同宪法、法律和行政法规相抵触的地方性法规，有权撤销省、自治区、直辖市的人民代表大会常务委员会批准的违背宪法和本法第八十五条第二款规定的自治条例和单行条例；

（三）国务院有权改变或者撤销不适当的部门规章和地方政府规章；

（四）省、自治区、直辖市的人民代表大会有权改变或者撤销它的常务委员会制定的和批准的不适当的地方性法规；

（五）地方人民代表大会常务委员会有权撤销本级人民政府制定的不适当的规章；

（六）省、自治区的人民政府有权改变或者撤销下一级人民政府制定的不适当的规章；

（七）授权机关有权撤销被授权机关制定的超越授权范围或者违背授权目的的法规，必要时可以撤销授权。

（三）监督法有关规定

第三十三条 全国人民代表大会法律委员会和有关专门委员会经审查认为最高人民法院或者最高人民检察院作出的具体应用法律的解释同法律规定相抵触，而最高人民法院或者最高人民检察院不予修改或者废止的，可以提出要求最高人民法院或者最高人民检察院予以修改、废止的议案，或者提出由全国人民代表大会常务委员会作出法律解释的议案，由委员长会议决定提请常务委员会审议。

（四）香港特别行政区基本法有关规定

第十七条第三款 全国人民代表大会常务委员会在征询其所属的香港特别行政区基本法委员会后，如认为香港特别行政区立法机关制定的任何法律不符合本法关于中央管理的事务及中央和香港特别行政区的关系的条款，可将有关法律发回，但不作修改。经全国人民代表大会常务委员会发回的法律立即失效。该法律的失效，除香港特别行政区的法律另有规定外，无溯及力。

（五）澳门特别行政区基本法有关规定

第十七条第三款 全国人民代表大会常务委员会在征询其所属的澳门特别行政区基本法委员会的意见后，如认为澳门特别行政区立法机关制定的任何法律不符合本法关于中央管理的事务及中央和澳门特别行政区关系的条款，可将有关法律发回，但不作修改。经全国人民代表大会常务委员会发回的法律立即失效。该法律的失效，除澳门特别行政区的法律另有规定外，无溯及力。

（六）全国人民代表大会常务委员会关于国家监察委员会制定监察法规的决定有关规定

全国人民代表大会常务委员会有权撤销同宪法和法律相抵触的监察法规。

五、关于听取和审议备案审查工作情况报告

（一）全国人民代表大会常务委员会议事规则有关规定

第三十三条第二款 常务委员会召开全体会议，定期听取下列报告：……（九）常务委员会法制工作委员会关于备案审查工作情况的报告；……。

（二）地方组织法有关规定

第五十条第一款　县级以上的地方各级人民代表大会常务委员会行使下列职权：……（十）听取和审议备案审查工作情况报告；……。

法规、司法解释备案审查工作办法

（2019 年 12 月 16 日第十三届全国人大常委会第 44 次委员长会议通过）

目　　录

第一章　总　　则

第一条　为了规范备案审查工作，加强备案审查制度和能力建设，履行宪法、法律赋予全国人民代表大会及其常务委员会的监督职责，根据宪法和立法法、监督法等有关法律的规定，制定本办法。

第二条　对行政法规、监察法规、地方性法规、自治州和自治县的自治条例和单行条例、经济特区法规（以下统称法规）以及最高人民法院、最高人民检察院作出的属于审判、检察工作中具体应用法律的解释（以下统称司法解释）的备案审查，适用本办法。

第三条　全国人大常委会依照宪法、法律开展备案审查工作，保证党中央令行禁止，保障宪法法律实施，保护公民合法权益，维护国家法制统一，促进制定机关提高法规、司法解释制定水平。

第四条　开展备案审查工作应当依照法定权限和程序，坚持有件必备、有备必审、有错必纠的原则。

第五条　常委会办公厅负责报送备案的法规、司法解释的接收、登记、分送、存档等工作，专门委员会、常委会法制工作委员会负责对报送备案的法规、司法解释的审查研究工作。

第六条　加强备案审查信息化建设，建立健全覆盖全国、互联互通、功能完备、操作便捷的备案审查信息平台，提高备案审查工作信息化水平。

第七条　常委会工作机构通过备案审查衔接联动机制，加强与中央办公厅、司法部、中央军委办公厅等有关方面的联系和协作。

第八条　常委会工作机构应当密切与地方人大常委会的工作联系，根据需要对地方人大常委会备案审查工作进行业务指导。

第二章　备　　案

第九条　法规、司法解释应当自公布之日起三十日内报送全国人大常委会备案。

报送备案时，应当一并报送备案文件的纸质文本和电子文本。

第十条　法规、司法解释的纸质文本由下列机关负责报送备案：

（一）行政法规由国务院办公厅报送；

（二）监察法规由国家监察委员会办公厅报送；

（三）地方性法规、自治州和自治县制定的自治条例和单行条例由各省、自治区、直辖市人大常委会办公厅报送；

（四）经济特区法规由制定法规的省、市人大常委会办公厅（室）报送；

（五）司法解释分别由最高人民法院办公厅、最高人民检察院办公厅报送；最高人民法院、最高人民检察院共同制定的司法解释，由主要起草单位办公厅报送。

第十一条　报送备案时，报送机关应当将备案报告、国务院令或者公告、有关修改废止或者批准的决定、法规或者司法解释文本、说明、修改情况汇报及审议结果报告等有关文件（以下统称备案文件）的纸质文本装订成册，一式五份，一并报送常委会办公厅。

自治条例、单行条例、经济特区法规对上位法作出变通规定的，报送备案时应当说明对法律、行政法规、地方性法规作出变通的情况，包括内容、依据、理由等。

第十二条　法规、司法解释的电子文本由制定机关指定的电子报备专责机构负责报送。

报送机关应当通过全国人大常委会备案审查信息平台报送全部备案文件的电子文本，报送的电子文本应当符合全国人大常委会工作机构印发的格式标准和要求。

第十三条　常委会办公厅应当自收到备案文件之日起十五日内进行形式审查，对符合法定范围和程序、备案文件齐全、符合格式标准和要求的，予以接收并通过全国人大常委会备案审查信息平台发送电子回执；对不符合法定范围和程序、备案文件不齐全或者不符合格式标准和要求的，以电子指令形式予以退回并说明理由。

因备案文件不齐全或者不符合格式标准和要求被退回的，报送机关应当自收到电子指令之日起十日内按照要求重新报送备案。

第十四条　常委会办公厅对接收备案的法规、司法解释进行登记、存档，并根据职责分工，分送有关专门委员会和法制工作委员会进行审查研究。

第十五条　常委会办公厅对报送机关的报送工作进行督促检查，并适时将迟报、漏报等情况予以通报。

第十六条　每年一月底前，各报送机关应当将上一年度制定、修改、废止和批准的法规、司法解释目录汇总报送全国人大常委会办公厅。

常委会办公厅通过全国人大常委会公报和中国人大网向社会公布上一年度备案的法规、司法解释目录。

第十七条　专门委员会、常委会工作机构根据审查工作需要，可以要求有关方面提供本办法第五十四条规定的规范性文件。

第三章　审　　查

第一节　审查职责

第十八条　对法规、司法解释可以采取依职权审查、依申请审查、移送审查、专项审查等方式进行审查。

第十九条　专门委员会、法制工作委员会对法规、司法解释依职权主动进行审查。

第二十条　对法规、司法解释及其他有关规范性文件中涉及宪法的问题，宪法和法律委员会、法制工作委员会应当主动进行合宪性审查研究，提出书面审查研究意见，并及时反馈制定机关。

第二十一条　国家机关依照法律规定向全国人大常委会书面提出的对法规、司法解释的审查要求，由常委会办公厅接收、登记，报秘书长批转有关专门委员会会同法制工作委员会进行审查。

第二十二条　国家机关、社会团体、企业事业组织以及公民依照法律规定向全国人大常委会书面提出的对法规、司法解释的审查建议，由法制工作委员会接收、登记。

法制工作委员会对依照前款规定接收的审查建议，依法进行审查研究。必要时，送有关专门委员会进行审查、提出意见。

第二十三条　经初步研究，审查建议有下列情形之一的，可以不启动审查程序：

（一）建议审查的法规或者司法解释的相关规定已经修改或者废止的；

（二）此前已就建议审查的法规或者司法解释与制定机关作过沟通，制定机关明确表示同意修改或者废止的；

（三）此前对建议审查的法规或者司法解释的同一规定进行过审查，已有审查结论的；

（四）建议审查的理由不明确或者明显不成立的；

（五）其他不宜启动审查程序的情形。

第二十四条 法制工作委员会对有关机关通过备案审查衔接联动机制移送过来的法规、司法解释进行审查。

第二十五条 法制工作委员会结合贯彻党中央决策部署和落实常委会工作重点，对事关重大改革和政策调整、涉及法律重要修改、关系公众切身利益、引发社会广泛关注等方面的法规、司法解释进行专项审查。

在开展依职权审查、依申请审查、移送审查过程中，发现可能存在共性问题的，可以一并对相关法规、司法解释进行专项审查。

第二十六条 对不属于全国人大常委会备案审查范围的规范性文件提出的审查建议，法制工作委员会可以按照下列情况移送其他有关机关处理：

（一）对党的组织制定的党内法规和规范性文件提出的审查建议，移送中央办公厅法规局；

（二）对国务院各部门制定的规章和其他规范性文件提出的审查建议，移送司法部；对地方政府制定的规章和其他规范性文件提出的审查建议，移送制定机关所在地的省级人大常委会，并可同时移送司法部；

（三）对军事规章和军事规范性文件提出的审查建议，移送中央军委办公厅法制局；

（四）对地方监察委员会制定的规范性文件提出的

审查建议，移送制定机关所在地的省级人大常委会，并可同时移送国家监察委员会；

（五）对地方人民法院、人民检察院制定的属于审判、检察工作范围的规范性文件提出的审查建议，移送制定机关所在地的省级人大常委会，并可同时移送最高人民法院、最高人民检察院。

法制工作委员会在移送上述审查建议时，可以向有关机关提出研究处理的意见建议。

第二节　审查程序

第二十七条　根据审查要求、审查建议进行审查研究，发现法规、司法解释的规定可能存在本办法第三章第三节规定情形的，应当函告制定机关，要求制定机关在一个月内作出说明并反馈意见。

对法规、司法解释开展依职权审查、移送审查、专项审查，发现法规、司法解释的规定可能存在本办法第三章第三节规定情形的，可以函告制定机关在一个月内作出说明并反馈意见。

依照本条前两款函告需经批准的法规的制定机关的，同时抄送批准机关。

第二十八条　对法规、司法解释进行审查研究，对涉及国务院职权范围内的事项，可以征求国务院有关方面的意见。

第二十九条　对法规、司法解释进行审查研究，可以根据情况征求有关专门委员会、常委会工作机构的意见。

第三十条　对法规、司法解释进行审查研究，可以通过座谈会、听证会、论证会、委托第三方研究等方式，听取国家机关、社会团体、企业事业组织、人大代表、专家学者以及利益相关方的意见。

第三十一条　根据审查建议对法规、司法解释进行审查研究，可以向审查建议人询问有关情况，要求审查建议人补充有关材料。

第三十二条　对法规、司法解释进行审查研究，根据需要可以进行实地调研，深入了解实际情况。

第三十三条　专门委员会、法制工作委员会在审查研究中认为有必要进行共同审查的，可以召开联合审查会议。

有关专门委员会、法制工作委员会在审查研究中有较大意见分歧的，经报秘书长同意，向委员长会议报告。

第三十四条　专门委员会、法制工作委员会一般应当在审查程序启动后三个月内完成审查研究工作，提出书面审查研究报告。

第三十五条　法制工作委员会加强与专门委员会在备案审查工作中的沟通协调，适时向专门委员会了解开展备案审查工作的情况。

第三节　审查标准

第三十六条　对法规、司法解释进行审查研究，发现法规、司法解释存在违背宪法规定、宪法原则或宪法精神问题的，应当提出意见。

第三十七条　对法规、司法解释进行审查研究，发现法规、司法解释存在与党中央的重大决策部署不相符或者与国家的重大改革方向不一致问题的，应当提出意见。

第三十八条　对法规、司法解释进行审查研究，发现法规、司法解释违背法律规定，有下列情形之一的，应当提出意见：

（一）违反立法法第八条，对只能制定法律的事项作出规定；

（二）超越权限，违法设定公民、法人和其他组织的权利与义务，或者违法设定国家机关的权力与责任；

（三）违法设定行政许可、行政处罚、行政强制，或者对法律设定的行政许可、行政处罚、行政强制违法作出调整和改变；

（四）与法律规定明显不一致，或者与法律的立法目的、原则明显相违背，旨在抵消、改变或者规避法律规定；

（五）违反授权决定，超出授权范围；

（六）对依法不能变通的事项作出变通，或者变通规定违背法律的基本原则；

（七）违背法定程序；

（八）其他违背法律规定的情形。

第三十九条 对法规、司法解释进行审查研究，发现法规、司法解释存在明显不适当问题，有下列情形之一的，应当提出意见：

（一）明显违背社会主义核心价值观和公序良俗；

（二）对公民、法人或者其他组织的权利和义务的规定明显不合理，或者为实现立法目的所规定的手段与立法目的明显不匹配；

（三）因现实情况发生重大变化而不宜继续施行；

（四）变通明显无必要或者不可行，或者不适当地行使制定经济特区法规、自治条例、单行条例的权力；

（五）其他明显不适当的情形。

第四章　处　　理

第四十条 专门委员会、法制工作委员会在审查研究中发现法规、司法解释可能存在本办法第三章第三节规定情形的，可以与制定机关沟通，或者采取书面形式对制定机关进行询问。

第四十一条 经审查研究，认为法规、司法解释存在本办法第三章第三节规定情形，需要予以纠正的，在提出书面审查研究意见前，可以与制定机关沟通，要求制定机关及时修改或者废止。

经沟通，制定机关同意对法规、司法解释予以修改或者废止，并书面提出明确处理计划和时限的，可以不再向其提出书面审查研究意见，审查中止。

经沟通没有结果的，应当依照立法法第一百条规定，向制定机关提出书面审查研究意见，要求制定机关在两个月内提出书面处理意见。

对经省、自治区、直辖市人大常委会批准的法规提出的书面审查研究意见，同时抄送批准机关。

第四十二条 制定机关收到审查研究意见后逾期未报送书面处理意见的，专门委员会、法制工作委员会可以向制定机关发函督促或者约谈制定机关有关负责人，要求制定机关限期报送处理意见。

第四十三条 制定机关按照书面审查研究意见对法规、司法解释进行修改、废止的，审查终止。

第四十四条 制定机关未按照书面审查研究意见对法规及时予以修改、废止的，专门委员会、法制工作委员会可以依法向委员长会议提出予以撤销的议案、建议，由委员长会议决定提请常委会会议审议。

制定机关未按照书面审查研究意见对司法解释及时予以修改、废止的，专门委员会、法制工作委员会可以依法提出要求最高人民法院或者最高人民检察院予以修改、废止的议案、建议，或者提出由全国人大常委会作出法律解释的议案、建议，由委员长会议决定提请常委会会议审议。

第四十五条 经审查研究，认为法规、司法解释不存在本办法第三章第三节规定问题，但存在其他倾向性问题或者可能造成理解歧义、执行不当等问题的，可以函告制定机关予以提醒，或者提出有关意见建议。

第四十六条 专门委员会、法制工作委员会应当及时向制定机关了解有关法规、司法解释修改、废止或者停止施行的情况。

第四十七条 法规、司法解释审查研究工作结束后，有关审查研究资料应当及时归档保存。

第五章 反馈与公开

第四十八条 国家机关对法规、司法解释提出审查要求的，在审查工作结束后，由常委会办公厅向提出审查要求的机关进行反馈。

国家机关、社会团体、企业事业组织以及公民对法规、司法解释提出审查建议的，在审查工作结束后，由法制工作委员会向提出审查建议的公民、组织进行反馈。

第四十九条 反馈采取书面形式，必要时也可以采取口头形式。对通过备案审查信息平台提出的审查建议，可以通过备案审查信息平台进行反馈。

第五十条 对不属于全国人大常委会备案审查范围

的规范性文件提出的审查建议，法制工作委员会依照本办法规定移送有关机关研究处理的，可以在移送后向提出审查建议的公民、组织告知移送情况；不予移送的，可以告知提出审查建议的公民、组织直接向有权审查的机关提出审查建议。

第五十一条　专门委员会、常委会工作机构应当将开展备案审查工作的情况以适当方式向社会公开。

第六章　报告工作

第五十二条　法制工作委员会应当每年向全国人大常委会专项报告开展备案审查工作的情况，由常委会会议审议。

备案审查工作情况报告根据常委会组成人员的审议意见修改后，在全国人大常委会公报和中国人大网刊载。

第五十三条　专门委员会、常委会办公厅向法制工作委员会提供备案审查工作有关情况和材料，由法制工作委员会汇总草拟工作报告，经征询专门委员会、常委会办公厅意见后按规定上报。

备案审查工作情况报告的内容一般包括：接收备案的情况，开展依职权审查、依申请审查和专项审查的情况，对法规、司法解释纠正处理的情况，开展备案审查制度和能力建设的情况，根据备案审查衔接联动机制开展工作的情况，对地方人大常委会备案审查工作进行业务指导的情况，下一步工作建议、考虑和安排等。

第七章　附　　则

　　第五十四条　对国务院的决定、命令和省、自治区、直辖市人大及其常委会的决议、决定以及最高人民法院、最高人民检察院的司法解释以外的其他规范性文件进行的审查，参照适用本办法有关规定。

　　第五十五条　地方各级人大常委会参照本办法对依法接受本级人大常委会监督的地方政府、监察委员会、人民法院、人民检察院等国家机关制定的有关规范性文件进行备案审查。

　　第五十六条　对香港特别行政区、澳门特别行政区依法报全国人大常委会备案的法律的备案审查，参照适用本办法。

　　第五十七条　本办法自通过之日起施行。2005 年 12 月 16 日十届全国人大常委会第四十次委员长会议修订、通过的《行政法规、地方性法规、自治条例和单行条例、经济特区法规备案审查工作程序》和《司法解释备案审查工作程序》同时废止。